# 网络经济下企业与市场变迁

吴 清 著

知识产权出版社
全国百佳图书出版单位

**内容提要**

网络经济下，互联网络作为最重要的技术革新，提供了迄今为止最具开放性的信息交流平台，对企业与市场这两种“信息处理的实体”(Arrow 1973)都产生巨大影响。本文以交易成本理论为基础，围绕网络经济下，互联网络如何影响企业与市场及二者关系这一中心议题，通过理论推演与实证研究方法，分析得出了一些有价值的结论与建议。

**责任编辑**：赵 军

**图书在版编目(CIP)数据**

网络经济下企业与市场变迁/吴清著. —北京：知识产权出版社，2010.9

ISBN 978-7-5130-0158-8

Ⅰ.①网… Ⅱ.①吴… Ⅲ.① 企业经济—经济发展—研究②市场学—研究 Ⅳ.①F270②F713.5

中国版本图书馆 CIP 数据核字(2010)第166154号

# 网络经济下企业与市场变迁

WANGLUO JINGJI XIA QIYE YU SHICHANG BIANQIAN

吴 清 著

出版发行：知识产权出版社

| | | | |
|---|---|---|---|
| 社　　址： | 北京市海淀区马甸南村1号 | 邮　　编： | 100088 |
| 网　　址： | http://www.ipph.cn | 邮　　箱： | bjb@cnipr.com |
| 发行电话： | 010-82000893 82000860转8101 | 传　　真： | 010-82000893 |
| 责编电话： | 010-82000860转8127 | 责编邮箱： | jyb.999@163.com |
| 印　　刷： | 北京中献拓方科技发展有限公司 | 经　　销： | 新华书店及相关销售网点 |
| 开　　本： | 787mm×1092mm 1/16 | 印　　张： | 12.25 |
| 版　　次： | 2012年1月第1版 | 印　　次： | 2012年1月第1次印刷 |
| 字　　数： | 167千字 | 定　　价： | 36.00元 |

ISBN 978-7-5130-0158-8/F·360(3092)

# 摘 要

信息技术的发展催生了一种新型的经济形态——网络经济，它是以计算机和互联网络为驱动，以数字化信息网络为依托的全新生产力。网络经济下，互联网络作为最重要的技术革新，提供了迄今为止最具开放性的信息交流平台，必然会对企业与市场这两种“信息处理的实体”（Arrow 1973；Galbariht，1977）以及两者关系都产生巨大影响。它引发了包括企业外部环境、内部组织结构以及生产组织模式的剧烈变革，企业传统的科层结构受到挑战，组织边界也随之变动。与此同时，企业与市场关系也越来越复杂，出现了很多融合企业与市场特征的中间组织。互联网络的广泛应用也使得传统市场在市场结构、交易效率、交易范围等多方面产生颠覆性影响。网络经济下，互联网络对市场的另一个重要影响就是带来了新的市场组织形式——电子市场。

本文围绕网络经济下，互联网络如何影响企业与市场这一中心议题，首先分析了网络经济的基本内涵，认为网络经济是以互联网络信息技术为核心和依托的经济，然后分别从企业组织结构与生产模式两个视角考察互联网络给企业组织带来的变革。在企业组织结构变化方面，互联网络对组织结构的复杂性、规范性以及集权和分权三方面产生影响，使得企业组织结构趋于扁平化、网络化和柔性化。在生产模式变化方面，本文应用了杨小凯的超边际分析思想及其对生产环境的假设，建立模型，对网络经济环境下和传统经济环境下的分工与专业化均衡变化进行分析，得出在网络经济环境下，随着中间品与最终品交易效率的提高，互联网络信息技术最终会促进企业之间分工不断深化，企业个体会更倾向于专注自身的核心竞争力环节，选择分工合作，提高企业自身的专业化水平。随着企业专业化水平不断提高，社会分工程度加深，模块化生产方式逐渐成为网络经济下一种重要的生产模式。

在对企业组织结构与生产模式变化进行了理论分析的基础上，本文对此进行了基于问卷调查的实证分析。通过分析，发现互联网络对企业的影响是一个动态的过程并且存在阶段性。企业互联网络应用初期的重点在于企业内部网络，主要影响体现为企业组织结构的变化，组织内部层级降低，企业出现扁平化趋势。在生产模式方面，互联网络应用程度不断提升最终会带来企业专业化水平的提升，但是中间存在一个转变过程。互联网络应用初期，由于企业网络应用重点在企业内部，因此互联网络带来的企业内部协调成本下降程度大于市场交易成本的下降程度，企业可能选择将更多的经济活动纳入到企业中来，这会使经营范围变广，专业化程度降低。而在企业应用互联网络的高级阶段，网络应用拓展到企业之间，企业可以通过应用电子市场，更多地降低市场交易成本，这会使企业更倾向于依赖市场进行交易，企业经营范围缩小，专业化程度提高。因此，在网络经济下，企业生产专业化程度随着互联网络应用程度的加深出现先下降再上升的趋势，互联网络应用最终会促进企业的专业化程度不断提高，企业之间分工不断深化。

在市场变迁分析部分，本文认为互联网络在市场结构、交易效率、交易范围等多方面给传统市场带来深刻变革，网络经济下新兴的市场组织形式——电子市场可以有效降低市场交易费用，是传统市场在网络环境中的优化与升级。而电子市场作为网络经济下新兴的市场形式，能否被企业接纳受到多种因素的影响。本文在对企业应用电子市场影响因素进行的实证中分析发现企业预期收益、预期风险，政府促进以及规范同化作用对企业是否选择进入电子市场有显著性影响。

网络经济下，互联网络不仅给企业与市场来了巨大的变革，也为企业与市场关系带来新的变化。本文认为网络经济下，企业与市场关系变迁既表现为企业边界变化，还表现为企业与市场二种机制的融合。企业边界取决于企业内部协调成本与市场交易成本的比较，互联网络应用对这两类成本都产生节约效果，但各自节约幅度随着互联网络应用阶段不同而不同。这两类成本降低的大小比较决定了网络经济下企业边界的变动方向，因此，网络经济下企业边界既可能扩大也可能缩小。另外，企业与市场关系变迁还体现为企业的层级机制与市场的价格机制在协调生产与经营过程中不断出现相互渗透的趋势，企业与市场的关系逐渐变得“你中有我，我中有你”，二者相互融合也成为当代经济组织发展的新趋势。

**关键词**：网络经济 互联网络 交易成本 组织形式 专业化 电子市场

# 目 录

# 第一章 导 论

## 1.1 问题的提出

信息技术的发展催生了一种新型的经济形态——网络经济。在每个经济时代都有当时的新经济,这是代表当时先进生产力的经济。由旧经济进入新经济总是以生产方式产生重大变革为基础的。现代网络经济是由计算机和互联网驱动,网络经济依赖的是以数字化信息网络为依托的全新的生产力,信息成为重要的生产要素。整个人类已经跨入了由互联网为纽带和基础的网络经济时代。网络信息技术被称为继 18 世纪的“蒸汽革命”和 19 世纪的“电力革命”之后的第三次技术革命。新兴起的技术通常会对组织设计产生巨大的影响。从小规模的手工业生产到向大规模国际化企业的转变,这在很大程度上是受三种协调技术的出现所驱使:蒸汽机、铁路和电信,这三种协调技术消除了协调远距离活动所需要的时间和成本障碍(Milgromand Robert,1992)。钱德勒(1987)[1]认为这些技术对组织结构所引起的变革是深远的。

既然交易是与沟通和协调有关的,那么网络信息技术应用能够降低交易成本,而企业组织和市场组织都是信息处理的实体(Arrow 1973;Galbariht,1977),因此,网络信息技术对企业与市场以及企业与市场之间的关系都

[1] [美]阿尔弗雷德·D. 钱德勒. 看得见的手:美国企业的管理革命[M]. 北京:商务印书馆,1987.

产生了巨大的影响。

在对企业内部组织结构的影响方面，学者们的研究结论并不一致[1]（汪森军等，2006）。比如，网络信息技术应用程度的加深究竟是导致企业集权程度或一体化程度增加还是减少？在理论方面，Wyner 和 Malone（1996）[2]、Van Zandt（1997）[3]等学者认为网络技术导致企业分权程度增加；而 Bolton 和 Dewatripon（1994）[1]、Laffont 和 Martimort（1998）[5]则认为企业应用网络信息技术可能会增加企业集权程度。Pinsonneault 和 Kraemer（1993）从组织结构角度研究组织规模，他们认为，信息技术与中层规模的相关性是不确定的，当组织采用集权结构时，信息技术将减少中间管理层；当组织采用分权结构时，信息技术将增加中间管理层[6]。在实证方面，有研究发现，网络信息技术应用导致组织扁平化、集权程度和企业一体化程度减弱[7][8]（Bresnahan et al.，2002；Brynjolfsson and Hitt，1998）。

理论界对组织边界在信息技术的作用下如何变动也并未达成共识，有很多学者针对这一问题进行了理论研究，但结论并不完全一致。一些学者认为，信息技术应用对企业内部协调成本的节约要远大于对市场交易成本的节约，这使得企业的纵向一体化程度进一步提高，边界扩大；但也有学者

---

[1] 汪森军，张维迎，周黎安．信息技术、组织变革与生产绩效——关于企业信息化阶段性互补机制的实证研究[J]．经济研究，2006(1)．

[2] Wyner, G. M. and Malone, T. W., The Impact of Information Technology on Decision Making Structures: A Formal Analysis, Unpublished working paper, MIT Center for Coordination Science, 1996.

[3] Van Zandt, T., Decentralized Information Processing in the Theory of Organizations, Contemporary Economic Development Reviewed, 1997, Vol. 4, Macmillan Press, London.

[1] Bolton, P. and Dewatripon, M., The Firm as a Communication Network, Quarterly Journal of Economics, 1994, 109: 809 - 839.

[5] Laffont, J. J. and Martimort, D., Collusion and Delegation, RandJournal of Economics, 1998, 29(2), 280 - 305.

[6] Pinsonneault A., Kraemer. The impact of information technology on middle managers. MIS Quarterly, 1993, 38: 271 - 292.

[7] Breshnahan, T., Brynjolfsson, E., and Hitt, L., Information technology, workplace organization, and the demand for skilledlabor: firm level evidence. Quarterly Journal of Economics, 2002, 117: 339 - 376.

[8] Brynjolfsson, E., and Hitt, L., Information technology and organizational design: evidence from micro data. MIT Working Paper. 1998.

持相反意见,认为信息技术应用对交易成本的节约更大一些,从而促使企业将更多的活动交由市场去完成,导致边界缩小。因此企业可能会扩大边界或者缩小边界,或者改变生产活动的类型。例如,如果网络信息技术能够使企业更容易通过市场获得所需要的材料,那么企业会减少纵向一体化(Malone,1987)❶。同样,如果网络信息技术使企业内部协调成本节约明显,则有可能在内部协调多种生产活动,企业则会多元化进入新产品市场或者增加纵向一体化(Gurbaxani and Whang,1991)❷。国内外的实证研究显示的结果也存在差异,目前多数国外学者的实证分析倾向于支持网络信息应用使得企业专业化程度上升,边界缩小的结论(Hitt,1999;Brews,2004,2007等)❸❹,而国内的学者则通过实证发现相反的结论(林丹明,2006)❺,那么网络信息技术对企业组织特性和边界到底造成了怎样的影响?这一直是学者们关注并存在争论的问题。

市场组织在网络技术的推动下也正在发生着变迁,电子市场作为网络经济中一个新的市场形式出现,在市场结构、交易方式等诸多方面颠覆了传统交易市场的特性,极大地拓展了市场交易的地理范围,提高了市场交易效率(Goldsby,2003)❻。Bakos(1998)❼认为电子市场独一无二的特点就是可以把众多的买方和卖方虚拟地集中在一个市场里,而且电子市场能够把交

❶ Malone,T. W.,Modeling coordination in organizations and market. Management Science,33,1987:1317 - 1332.

❷ Gurbaxani,V. and Whang,S.,1991,The Impact of Information Systems on Organizations and Market,Communications of the ACM34:59 - 73.

❸ Peter J. Brews and Christopher L. Tucci,Exploring the Structural Effects of Internetworking,Strategic Management Journal,2004,25:429 - 451.

❹ Peter J. Brews and Christopher L. Tucci,The Structural and Performance Effects of Internetworking [J]. Long Range Planning,2007,40:223 - 243.

❺ 林丹明,叶会,谢维敏,曾楚宏,信息技术应用对企业纵向边界的影响——实证与讨论,中国工业经济,2006(1).

❻ Goldsby,Thomas J.;Eckert,James A.,Electronic transportation marketplaces:a transaction cost perspective,Industrial Marketing Management,2003,Vol. 32,p187 - 198.

❼ Bakos,Y,The Emerging Role of Electronic Market Places on the Intemet,Communications of the ACM,1998(8),35 - 42.

易成本降至一个可以忽略的最小值，可以被认为是完美的古典市场。特别是在互联网出现之后，更是使得电子市场成为企业进行采购交易的主要平台。目前已经有很多文献从不同角度分析了互联网络在市场交易成本降低方面所起的重要作用（Malone，1987，Goldsby，2003，Kotler，2000，胡宏力，2004等）[1][2][3]，比如，应用电子市场进行采购可以在降低交易成本、库存水平、加强信息共享、提高运作效率、改进客户服务等诸多方面为电子市场的参与者带来价值（Presutti，2003）[4]。既然基于因特网的电子市场可以为企业带来交易费用的节约，那么经济活动应该越来越趋向于通过市场机制而非层级机制来进行（Malone，1986）。而电子市场能否为企业带来真正的交易费用降低取决于企业是否进入电子市场并享受到电子市场所带来的益处。因此，分析网络经济条件下企业边界变迁情况，不仅仅需要考虑网络信息技术对企业，对市场这两种资源配置方式的影响，还需要考虑企业接受新市场形式的意愿。在电子市场中，以企业与企业之间交易关系为主体的 B2B 电子市场成为了网络经济下最为活跃的电子市场。但是在现实商业环境中，企业是否愿意进入 B2B 电子市场仍然受到很多方面的影响。Wu 和 Mahajan（2003）[5]发现企业的学习能力与企业是否接受 B2B 电子市场有关，Tarafdar 和 Vaidya（2004）[6]认为社会大趋势是重要的影响因素。总的来看，从企业视角考察 B2B 电子市场采纳行为的研究虽然已有不少，但还不够丰富，尤其是

---

[1] Malone，T. W.，Modeling coordination in organizations andmarket. Management Science，33，1987，1317－1332.

[2] Goldsby，Thomas J.；Eckert，James A.，Electronic transportation marketplaces：a transaction cost perspective，Industrial Marketing Management，2003，Vol. 32，p187－198.

[3] 胡宏力. 交易成本、电子市场与公司内贸易［J］. 中央财经大学学报，2005（4）.

[4] Presutti，William D.，Supply management and e-procurement：creating value added in the supply chain，Industrial Marketing Management，2003，Vol. 32，p219－226.

[5] Wu，F.，Mahajan，V.，Balasubramanian，S.，An Analysis of e-business Adoption and its Impact on Business Performance，Academy of Marketing Science（31：4），2003，425－447.

[6] Tarafdar，M.，and Vaidya，S. D. Adoption of e-commerce by Organizations：Integrated Perspectives on the Strategic and Environmental Imperatives in Developing Countries，Ninth Americas Conference on Information Systems，2003.

在中国背景下许多问题值得继续研究。

因此,本文主要研究问题如下:

1. 在网络经济下,网络信息技术对企业组织影响中的一些基本问题仍然存在一些争议,在实证研究中也存在着截然相反的结论,那么在网络经济中,中国背景下企业的组织结构与边界变化情况与国外企业变化是否一致,如果不一致,背后的原因是什么?企业组织结构及边界变动是否存在动态变迁的过程,随着网络信息技术应用程度或阶段的不同而有变化?

2. 在网络经济下,电子市场作为新兴的市场形式,能够为参与企业带来怎样的价值?参与其中的企业交易成本是否得到明显降低?影响企业参与电子市场的因素又有哪些?

## 1.2 文献综述

### 1.2.1 网络信息技术对企业的影响

传统的研究者们关注于对高度竞争环境适应的组织形式。近年来,研究学者开始考虑,随着信息产业以及以因特网为基础的通信技术的发展,企业组织形式是否变化、如何变化(Winter and Taylor, 2000; Shapiro and Varian1999)[1],以及企业在面对这些变革的时候是如何调整企业的组织形态。

随着信息技术的发展,以互联网为代表的信息技术的发展使得信息处理费用呈指数倍下降,交易费用不断降低。许多学者应用不同经济学理论来考察信息技术对企业与市场的影响。网络信息技术尤其是互联网的应用,对传统市场,无论是从交易方式和交易效率,还是从市场交易结构、市场交易模式上都产生巨大的冲击和影响,这种影响是通过市场主体(企业)来推动的。如何准确地认识和评估网络信息技术对企业组织变革的影响是经济学和管理学近年来一直非常关注的问题。虽然已有的研究较多,但人们

---

[1] Shapiro C. ,Varian H. ,Information Rules. Harvard Business School Press: Boston,MA,1999.

对信息技术和组织变革关系中一些基本问题的理解并未达成共识。从企业实践来看，信息技术的应用并没有产生像人们所预期的效果。其中一个重要的原因是，信息技术的应用对企业组织结构和业务流程等组织变革的要素能产生一些难以明确的影响[1]。

最早关注信息技术对组织结构影响的是贝瑞特(Barret,1986)。他通过研究指出，计算机网络系统通过数据信息的共享以及信息在企业和企业的顾客、供应商和分销商之间的流程形成了一个跨组织的系统(Interorganizational System)，这种跨组织系统在提高企业绩效的同时，加强了与其供应链伙伴的密切关系，提高了企业的竞争能力。

在信息技术对组织变革的研究中，有学者认为信息技术决定着组织变化，也有学者认为信息技术与组织变革相互作用，共同影响着企业生产绩效。Elise 和 David(1994)[2]认为“将诸多因素单独考虑的话，也许信息技术的革新是影响组织结构和组织设计最重要的因素。”也有一些学者认为，信息技术对组织变革有制约和消极作用。Henfridsson, Derholm 和 Anders(2000)[3]在通过对瑞典服务行业的研究后，得出信息技术对组织转型会产生一些障碍和恶性循环。Milgrom 和 Roberts(1990)[4]认为，企业信息化、互补型组织变革与人力资本之间相互作用，共同影响企业的生产绩效。Breshnahan 等(2002)[5]，Brynjolfsson 和 Hitt(1998)以及 Gera 和 Gua(2004)[6]分别使

---

[1] Charles, Field, Ritzman. The value of outsourcing: A field study. Information Systems Management, 2003(4)84 - 89.

[2] Elise. W, David. A. N. Diagnosis for organization design, Diagnosis for organizational change: method and models. NewYork: the Guilford Press, 1994.

[3] Henfridsson, Ola, S. Derholm and Anders. Barriers to learning: on organizational defenses and vicious circles in technological adaptation. Accounting, Management and Information Technologies, 2000(1), 33 - 51.

[4] Milgrom, P., and Roberts, J., The economics of modern manufacturing: technology, strategy and organization. American E-conomic Review, 1990, 3: 511 - 528.

[5] Breshnahan, T., Brynjolfsson, E., and Hitt, L., Information technology, workplace organization, and the demand for skilled labor: firm level evidence. Quarterly Journal of Economics, 2002, 117: 339 - 376.

[6] Gera, S. and Gua, W., The effect of organizational innovation and information technology on firm performance. International Productivity Monitor 3. 2004.

用美国和加拿大的企业数据发现了企业信息化资本、伴随性组织创新、伴随性技术创新和人力资本存在互补关系。汪淼军、张维迎等(2006)[1]利用浙江企业的数据,分析证明了企业信息化与组织变革具有互补性,并指出企业信息化和组织行为之间的互补性存在显著的阶段性特征。

大多数研究表明,信息技术特别是跨组织信息系统能促进组织之间的合作,降低合作成本。Malone 等人(1987)在应用交易成本理论研究信息技术与企业间交易关系时强调,信息技术特别是跨组织信息系统能够提高组织际关系的效率,减少信息的通信成本,能够增强组织间信息存储和处理能力,能够增加供选择的潜在合作企业的数量、监督成员企业的业绩和行为;能够增强合作企业之间的相互依赖性和紧密程度等。Hengst 和 Sol(1996)分析了信息技术对组织之间协调结构的影响,他们认为,信息技术使企业间协调结构更加集中化、增加战略协调阶段的参与者数量、使企业间协议持续时间减少。

信息技术应用到企业内部与市场中,必然会对组织边界产生影响。学者们在信息技术对组织边界影响并未达成共识。一些学者认为,信息技术应用对企业内部协调成本的节约要远大于对市场交易成本的节约,这使得企业的纵向一体化程度进一步提高,边界扩大;但也有学者持相反意见,认为信息技术应用对交易成本的节约更大一些,从而促使企业将更多的活动交由市场去完成,导致边界缩小。因此企业可能会扩大边界或者缩小边界,或者改变生产活动的类型。还有学者认为,信息技术应用的普及,企业的边界将趋于模糊,中间组织形式(战略联盟、虚拟组织)不断出现,即所谓的"向中间移动"假说。总体而言,企业边界变动方向,则受到多种因素的影响,不能一概而论,在信息技术作用下,如果交易成本的节约幅度大于协调成本的节约幅度,那么企业的经济活动将更多地透过市场进行,从而使边界缩小;

[1] 汪淼军,张维迎.信息技术、组织变革与生产绩效——关于企业信息化阶段性互补机制的实证研究[J].经济研究,2006(1).

反之,企业的边界将进一步扩大。

在实证方面,从搜集到的文献来看j,信息技术对企业边界的实证研究开始于Brynjolfsson、Malon、Gurbaxani(1994)的工作。他们选取了美国宏观经济部门中的六个行业,对信息技术投资对企业边界的影响首次进行实证研究,发现在1976－1989年期间企业平均规模趋于下降,并认为这主要是由企业纵向一体化程度减少所致。Dewan、Michael、Chung(1995)利用1988－1992年的数据,分析了企业特征对信息技术投资的影响。以垂直产业关联系数与企业附加值比率衡量企业纵向一体化程度,以与计算机相关的投资和一些信息技术支出资本化价值衡量信息技术投资。他们将柯布—道格拉斯生产函数变形,将信息技术投资作为因变量,企业纵向边界为自变量,对两个变量的自然对数进行回归分析。结果表明两者之间的系数小于零。信息技术的投资需求与企业纵向一体化程度之间呈负相关关系,说明纵向一体化程度较低的企业对信息技术投资也很高。结论的逆否命题说明信息技术投资低的企业纵向一体化程度较高,也证明了信息技术促使企业边界缩小。

Hitt(1999)通过对美国财富1000强中的549家企业1987－1994年的面板数据分析发现:随着企业信息技术投资额的增长,企业边界不断缩小。Hitt以垂直产业相关指数衡量企业纵向一体化程度,利用美国计算机智能信息公司的调查数据衡量信息技术资本投资。另外香港的Lua,Wong和Chan(2001)[1]在研究信息技术和组织结构(组织复杂程度、正式化、分权、控制范围、专业化和沟通)之间的关系时,也研究了信息技术应用对企业边界的影响。Lua,Wong和Chna采用调查问卷的形式,对香港380家企业进行调查。Lua认为,在过去,信息技术主要涉及数字和逻辑运作;从20世纪70年代年代开始,应用计算机主要是为了实现办公自动化和决策支持,如文字处理、电子处理表和管理信息系统;而现在,信息技术应用的重点转向协作和连

[1] Theresa Lua, Y. H. Wong, K. F. Chan and Monica Law, Information technology and the work environment - Dose IT change the way people interact at work? Human Systems Management, 2001, 20: 267－279.

接,作为一种传输、操纵、分析和利用信息的设备。因此,信息技术应用的主要体现就是建立了连接同一个地方或者不同地方各个计算机之间的信息网络。因此,Lua,Wong,和 Chan 用企业对局域网(LAN)或者外部网(WAN)的应用来测量信息技术投资;用价值链中合作伙伴或者卖者(也就是供应者和签约者)的数量来测量企业专业化程度。其研究的结果认为,信息技术的应用会使企业变得更加专业化,或者是企业将更多的活动进行外包,也就是说企业边界变小了。

Acemoglu(2002)等人通过建立数学模型,再次证明随着信息技术应用,企业更多地采取外包的形式组织生产,信息技术应用与企业边界呈反相关关系。但是,有些研究证明信息技术应用却扩张了企业边界,比如,林丹明、叶会、解维敏与曾楚宏(2006)[1]利用我国沪深两市 A 股信息技术类上市公司 2001 - 2004 年的数据,以企业附加值衡量企业纵向边界,经过实证分析得到的结果也证实了这一结论。国外学者运用不同的数据、不同的实证分析方法,最终证明信息技术应用有助于缩小企业边界,为理论提供了实践的检验。国内学者运用西方学者的方法对我国企业纵向边界的研究得出大相径庭的结论。

### 1.2.2 网络信息技术对市场的影响

Malone,Yates 和 Benjamin 从宏观的角度分析了信息技术的进步与广泛应用在电子市场中产生的三种效应,这些效应的发生会大大提高市场协调机制的效率。[2]

第一种是电子通信效应。电子通信效应是指信息技术的应用可以提高单位时间中的通信量(或相同的通信量,但用时更少),同时会极大地降低通

---

[1] 林丹明,叶会,谢维敏,曾楚宏.信息技术应用对企业纵向边界的影响——实证与讨论[J].中国工业经济,2006(1).

[2] Thomas W. Malone, Joanne Yates, Robert Benjami, Electronic Markets and Electronic Hierarchies, Communications of the ACM, 1987, 30(6), 484 - 497.

此信息技术发展将推动节约交易成本的,介于企业与市场之间的中间组织结构出现。

对于信息网络技术对交易费用的影响是只简单地沿着某一个方向改变企业组织结构和市场结构,还是一种复杂的演进过程,在理论界还没有完全定论。一个基本的判断是,信息技术对交易费用的影响是双方面的,它既影响到企业内部组织管理费用,即改变企业内部的交易费用,同时还影响到市场交易费用。因此,不能简单地孤立地考虑信息技术对市场的影响。

## 1.3 概念界定

### 1.3.1 互联网络

互联网(Internet)与18世纪的蒸气机、19世纪的电气技术一样,都是划时代的。它是一个采用统一协议连接网络的网络,即一个网际网络系统,以TCP/IP作为共同的通信协议,将世界范围内各种各样的物理网络连接起来,构成一个整体,而不论网络类型的异同和规模的大小,互联网是当今世界最大和最流行的国际性网络。

互联网最早起源于美国国防部的阿帕网(ARPANET),是一个军事指挥网络系统。20世纪80年代初,美国国家科学基金会(NSF)的计算机网络和许多大学及学术机构的地区性网络陆续接入,从而开始了互联网的第一次快速发展。1983年TCP/IP成为ARPANET上标准的通信协议,这标志着真正意义上互联网的出现。此时的互联网仅限于研究领域和学术领域。

World Wide Web(WWW),全球万维网,它是在互联网上运行的一个软件应用格式。它将互联网所有的已有功能包纳于其中,而以一个画面清晰、操作简易的介质出现于用户与互联网之间。在互联网上每天发生的千千万万个用户之间的资讯往来均须经过这道门槛,经济活动的运行同样如此,由于网络的普及和推广,对网络商务性的变革产生了重大影响。

互联网的商业化是因特网历史上质的飞跃。20世纪90年代,面向客户的互联网服务出现,互联网进入商业用途。商业机构一踏入互联网这一陌生的世界,很快就发现了它在通信、资料检索、客户服务等方面的巨大商业潜力,世界各地无数的企业和个人纷纷涌入互联网。今天的互联网,从电话线、专线网到宽带的不同接入方式,大大地推动了信息的联通。以我国为例,带宽要比2000年以前宽了差不多50倍。截止到2008年12月31日,我国国际出口带宽的总容量为640287M,与半年前的调查结果相比增加了146558M,增长率为29.7%,与2000年的调查结果2799M相比增加了637488M,增长了228倍[1]。

网络通常都由节点互联组成(如图1-1),由于互联网松散的、无中心的结构,网络的各个组成部分具有很强的互补性。比如,一名顾客要在网上购买商品他的整个购买行为必须要有以下组成部分:登录一家在线商店的网站的页面,链接上Inetmet服务商的后台数据库查找商品,通过银行的网上结算系统付款。整个购买过程的信号要通过通信线路的传输,并显示在计算机屏幕、电视机或移动电话等设备上。

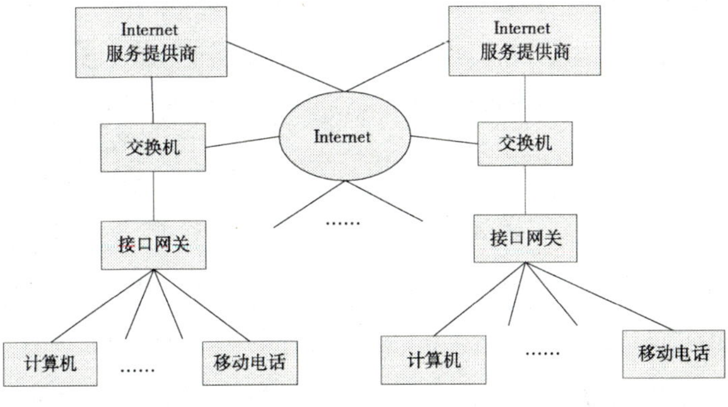


图1-1　典型的网络结构

更重要的是,这些组成部分还具有很大的可替代性,如这位顾客可以选择数以万计的其他在线商店进入,也可以使用不同的数据库进行查询,还可

[1] 数据来源于http://www.cnnic.net.cn/,中国互联网络信息中心CNNIC每半年发布一次的《中国互联网络发展状况统计报告》.

以换一家银行为他服务，可以通过卫星、电信线路、有线电视等途径传输信号，可以自由选择用计算机、电视、移动电话或是其他设备作为终端。不同的组合可能导致不同的服务，你会发现你的选择机会将会无穷大，这就是互联网的最重要的特点。网络外部性产生的根本原因在于网络自身的系统性和网络内部组成部分之间的互补性（或者叫交互性），在网络系统中，信息流或是其他物质的流动都不是单向的，网络内部的任何两个节点之间都有具有互补性（在目前的网络的 TCP/IP 结构中，没有中心或首脑的存在，即使网络的一部分节点出故障了，也不影响网络其他节点之间的正常联系），这就保证了网络外部性的普遍意义。

### 1.3.2 网络经济内涵

网络经济在英文中有多种表达方式，包括 Webnomy，Cybernomy，Intemet Economy，Digital Economy，Network Economy 等。Webnomy（Web Economy 的简写），意为网站经济，即通过互联网网站开展经营活动的经济形式，纯粹地提供信息或知识以及信息服务的新型网站是 Webnomy 的典型形式，各类上网企业通过网站进行广告宣传、客户服务、电子商务，是 Webnomy 的扩展形式。Cybernomy（Cyber Eeonomy 的简写），cyber－表示“计算机，计算机的”之义，中文可译为基于计算机的经济，Cybenomy 与 Webnomy 含义接近。Internet Economy，互联网经济，包括基于互联网的经济形式、应用互联网的经济形式、提供联网应用的经济形式等。Digital Ecnoomy，数字经济，信息经济的另一种称呼。由于互联网经济所进行的信息交流均是以数字形式进行的，因而数字经济有时也与互联网经济混用。Network Eocnomy，网络经济，基于网络的经济，所说的网络既包括以互联网为代表的现代信息网络，也包括传统工业社会必须依赖的网络。

网络经济是什么？迄今为止尚无一个统一的定义。可以从不同的层面去认识它。从经济形态层面上看，网络经济依赖的是以数字化信息网络为依托的全新的生产力,信息成为重要的生产要素,这区别于以往的经济形态。从产业层面上看,网络经济的主导产业为信息服务业和信息技术产业,但网络经济下任何产业都将信息化、网络化,网络时代不可能再有独立的互联网企业与非互联网企业之分,而是所有的企业都将依靠网络生存。从个人消费和企业经营管理的微观层面上看,电子商务巨大的可选择性使商品的推出更具有个性化和差异化,厂商将告别单项设计、规模生产、重在推销的刚性思维,而转向与消费者交互式设计、小规模多样化生产、全程营销的柔性化模式。

网络经济产生的根本原因在于交易费用的差异和网络经济效应的存在。交易费用在市场中是不可避免的,正如企业的存在是为了节约市场交易费用一样,网络经济的产生和发展也是为了节约交易费用,即以费用较低的网络交易替代费用较高的传统市场交易,市场主体进入信息网络不但可以极大地降低为获取准确的市场信息所要付出的费用,而且能够在极短的时间内迅速完成对信息的收集、处理、加工和分析,使信息资源同物质资源与能量资源有机结合,创造出互补效应。

本文认为,网络经济的产生是由于计算机互联网络在社会经济生活中普遍应用,互联网络为经济信息的传递和处理提供快捷和便宜的统一平台,使得越来越多的经济活动都建立在国际互联网之上。网络经济是以信息技术为核心和依托的经济,不仅包括以计算机和计算机网络为核心的信息基础设施建设和提供现代信息技术服务的产业,还包括计算机网络与传统行业的普遍结合和广泛渗透所产生的许多新的经济活动和产业部门。

## 1.4 研究框架与创新之处

### 1.4.1 研究思路与框架

本文首先分析了网络经济的基本内涵,指出互联网络是以网络信息技术为核心和依托的经济,然后分别从企业组织结构与生产模式两个视角考察互联网络给企业组织带来的变革。随后在此基础上应用调研问卷的研究方法对中国企业应用互联网络与企业组织结构及专业化程度变化之间的关系进行实证分析。接下来,分析网络经济中市场的变迁,重点阐述了建立在互联网络上的新兴市场组织形式——电子市场在降低市场交易费用方面为企业带来的价值及其影响因素,并对影响企业应用电子市场的因素进行实证分析。网络经济下,互联网络不仅给企业与市场来了巨大的变革,也为企业与市场关系带来新的变化,接下来从企业边界及企业与市场融合的视角分析了网络经济下企业边界的变化和新兴的兼有企业与市场机制的新型中间组织。最后,对研究结论进行简要总结,并提出相应的政策建议。

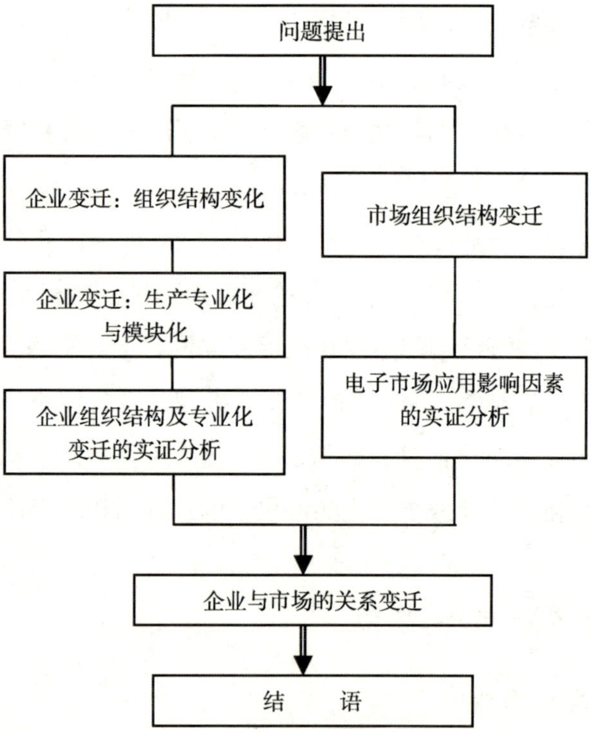


**图 1－2　论文框架结构图**

### 1.4.2 可能的创新之处

(1)在企业分工与专业化分析中,本文应用了杨小凯的超边际分析思想及其对生产环境的假设,建立模型,对网络经济环境下和传统经济环境下的分工与专业化均衡变化进行分析,得出在网络经济环境下,互联网络信息技术最终会促进企业之间分工不断深化,提高企业专业化程度,企业个体会更倾向于专注于自身的核心竞争力环节,选择分工合作,提高企业自身的专业化水平。

(2)通过互联网络应用对企业组织结构及生产模式变化的实证研究,我们发现互联网络信息技术应用对企业的影响是动态的并且存在阶段性。研究显示,中国企业与发达国家企业分别处于网络互联应用程度初级与高级两个不同阶段,在不同阶段互联网络应用对企业组织结构和生产模式的影响并不一样。企业互联网络应用初期的重点在于企业内部网络,主要影响体现为企业组织结构的变化,组织内部层级降低,企业出现扁平化趋势。在生产模式影响方面,互联网络应用程度不断提升最终会带来企业专业化水平的提升,但是中间存在一个转变过程。互联网络应用初期,由于企业网络应用重点在企业内部,因此互联网络带来的企业内部协调成本下降程度大于市场交易成本的下降程度,企业可能选择将更多经济的活动纳入到企业中来,这会带来经营范围变广,专业化程度降低。而在企业应用互联网络的高级阶段,网络应用拓展到企业之间,企业可以通过应用电子市场,更多地降低市场交易成本,这会使企业更倾向于依赖市场进行交易,企业经营范围缩小,专业化程度提高。因此,在网络经济下,企业生产专业化程度随着互联网络应用程度的加深出现先下降再上升的趋势,互联网络应用最终会促进企业的专业化程度不断提高,企业之间分工不断深化。

(3)对企业应用电子市场影响因素进行实证分析,研究结果发现企业预期收益、预期风险、政府促进以及规范同化作用对企业是否选择进入电子市场有显著性影响。在该研究结论的基础上,结合影响电子市场价值的因素,本文分别从企业、政府及电子市场平台的角度为促进电子市场更有效降低市场交易成本，和进一步扩大电子市场应用提出建议和措施。

(4)本文使用调研问卷的方法对传统企业在网络化转型过程中的变迁以及企业应用电子市场影响因素进行了实证分析。本领域国内以往的研究中，所选用的数据均为二手数据，而二手数据面临的一个最大问题就是原始数据的产生是因为其他目的，而并非为了本研究，所以可能存在实际数据与研究对象之间的偏差。而本文是国内首次采用调研的方法获得一手数据来研究企业与市场在网络经济下的演变过程。

# 第二章　企业变迁：组织结构变化

## 2.1 企业组织结构的概念与影响因素

### 2.1.1 企业组织结构概念

1853 年美国伊利铁路公司的组织结构图被美国著名的企业史学家 A. D. Chandler 称为“美国现代企业中最早的组织图之一”。1997 年诺贝尔经济学奖金获得者 H. A. Simon 曾经说过，“有效地开发社会资源的第一个条件是有效的组织结构”，可以从中看出组织结构的重要性，组织结构（Organization Structure）也是组织理论家和实践者们一直研究和思考的基本对象。

许多组织理论家都对组织结构的具体含义进行了论述，如美国学者理查德·L. 达夫特在《组织理论与设计精要》中，总结了组织结构的三个要素：（1）组织结构决定了正式的报告关系，包括层级数量和管理者的管理跨度；（2）组织结构还确定了个人如何组合成部门，部门如何组合成组织；（3）组织结构包含了一套系统，以保证跨部门的有效沟通、合作与整合[1]。Simon（1959，1960）将组织结构分成三个层级：基层机构，从事直接的生产过程；中层机构，从事非程序化决策、管理生产和分配系统的日常工作；上层机构，从事非程序化决策，设计整个系统，确定目标并进行监控，这也是一个典型的

---

[1] ［美］理查德·L. 达夫特. 组织理论与设计精要.［M］. 李维安等，译. 北京：机械工业出版社，2003.

等级结构[1]。

而对于组织结构的定义则是众说纷纭,卡斯特和罗森茨韦克[2]认为组织结构是一个组织内各构成部分或各个部分间所确立的关系的形式。明茨伯格[3]认为组织结构可以被简单地定义为组织内部获得劳动分工及协作的方式总和。罗宾斯[4]认为组织结构是指对于工作任务如何进行分工、分组和协调合作。管理者在进行组织结构设计时,必须考虑6个关键因素:工作专门化、部门化、命令链、控制跨度、集权与分权、正规化。

综合来看,组织结构是组织内各构成要素所确定的关系形式,是为实现企业战略目标而形成的,不仅包括构成要素,而且包括要素间的相互联系与作用。组织各要素通过结构而成为一个"系统",结构越合理,组织系统各部分之间的相互作用与活动就越协调。组织结构是由组织的目标、任务以及环境所决定的,其中包含了组织内部的指挥系统和沟通网络,也包含着组织成员在不同层次的责权系统中的地位和相互关系。

组织结构概念自从被提出后,很快而且长期占据着组织理论的核心地位。大多数研究组织理论的学者把企业组织结构作为分析重点,他们把现有的企业组织按他们所理解的结构分为多种形式,常见的组织结构形式有直线结构、职能结构、直线职能结构、矩阵结构与事业部结构等类型。

### 2.1.2 组织结构的影响因素

影响企业组织结构的因素很多,可以从组织设计的结构性维度和关联性维度两个层面来理解组织结构的相关影响因素。网络信息技术应用对企业组织结构的相关维度都产生了一定的影响。其中关联性维度反映整个组织的特征,包括组织规模、技术、环境和目标等。组织结构的结构性维度包

---

[1] 贾正如,陈炎玮.世界现代管理学家管理法则全书[M].北京:中国社会出版社,1999.

[2] 弗莱蒙特·卡斯特,詹姆斯·E.罗森茨韦克.组织与管理系统方法与权变方法(第四版)[M].北京:中国社会科学出版社,2000年.

[3] Henry Mintzberg(1979),The Structuring of Organization. N. J.:Prentice - Hall,INC. p. 2.

[4] [美]斯蒂芬·P.罗宾斯.组织行为学[M].北京:中国人民大学出版社,2000.

括组织结构的复杂性(Complexity)、规范性(Formalization)以及其集权与分权(Centralization 和 Decentralization)。本章主要从结构性维度考察网络信息技术对企业组织结构的影响。组织结构的复杂性是指组织结构内各要素之间的差异性,一般包括横向差异性(Horizontal Differentiation)、纵向差异性(Vertical Differentiation)和空间分布差异性(Spatial Differentiation),这其中任何一种差异性的变化都会导致组织结构的复杂性程度变化。

组织结构的横向差异是指组织内部门与部门之间或单位与单位之间的差异程度,这种差异是由劳动分工形成的专门化和部门化而产生的,主要表现为一个组织内成员之间受教育和培训的程度、专业方向和技能以及工作性质和任务等方面的差异。如果一个组织的专业分工越细,部门就会越多,部门之间的协调难度会随之增加,组织的横向复杂程度也自然增加。组织结构的纵向差异是指组织结构中纵向垂直管理层的层级数及其层级之间的差异程度。如果组织增加纵向管理层级数,其纵向管理层级之间的沟通难度则会增大,协调困难程度也随之提高。因此,组织中纵向管理层级数的增加会带来组织结构的纵向差异性扩大。其中管理人员的管理幅度(Span of Control)问题,是决定组织结构是否扁平的重要因素。组织结构的空间分布差异是指一个组织在其管理机构、部门及其人员的地区分布上形成的差异程度。这三个差异性表现为组织结构中整体的差异性,其中任何一种差异性的变化都会导致组织结构复杂性程度的变化。

组织结构的规范性是指使用规则和标准处理方式以规范工作行为的程度,规范度高的组织结构指的是有标准化操作程序、具体的指导以及明确的政策条文的组织。规范性通常可分为外规范和内规范两种。外规范是指工作的标准化程度,包括指导行为活动的规章制度和程序条例等;而内规范则是由组织内成员的教育背景、个人素质以及组织文化等决定的。一般而言,一个组织的规范性不但随着技术和专业工作的不同而产生差异,也随其管理层级的高低和职能分工而有所差异。

组织结构中的集权/分权程度是指组织内的决策权力的集中与分散程

度。集权与分权性则决定了权力在结构中的分配情况。集权是指决策权在组织系统中较高层次上的集中;与此相反,分权是指决策权在组织系统中较低层次上的分散。在组织管理中,集权和分权是相对的,绝对的集权或绝对的分权都是不可能的。因此,某种程度的集权与分权同样都是组织所需要的。

## 2.2 网络经济下企业内部组织结构的变化

在信息化、网络化的背景下,企业运行的环境呈现复杂多变、无法预测的趋势,工业经济条件下的金字塔式层级管理方式和组织结构越来越难以适应,快速发展的网络信息技术为应对这种趋势提供了多种多样的手段,推动着管理方式和组织结构的创新和发展。

### 2.2.1 互联网络对组织结构复杂性影响

应用互联网络对于组织结构复杂性的影响可以从组织结构复杂性的横向差异性、纵向差异性和空间分布差异性三个方面来进行:

(1)互联网络对横向差异性的影响

组织结构的横向差异是指组织内部门与部门之间或单位与单位之间的差异程度。传统的等级制度对待信息是一种保护和控制的政策,个人看成是信息的主人,其权利的大小与所拥有的信息量成正比,所以大家都极不情愿放弃自己手中对信息的控制权。然而,信息不像其他资源,它的价值就在于能够与人的能力相结合而产生有用的知识,所以使用它的人越多,其产生的效用也就越大。网络信息技术支持广泛的横向沟通、协调和控制,这有利于提高信息传递的效率,有利于员工的相互启发、沟通和知识共享。利用网络信息技术建立高度共享的信息系统会打破传统信息的等级界线,发挥出信息的最大价值。所以,由于网络信息技术而发展起来的新的管理信息系统,会改变原来纵向的信息沟通方式,而发展横向化的沟通方式。企业部门之间可以通过互联网络进行广泛交流,互联网络使分工细化已不再重要,跨职能部门的组织整合成为大势所趋。原有的工作单元间的界限被打破,而常常为了某个任务将若干部门的员工重新组成一个个直接面向客户的团队工作组。在团队中,每个成员都具有各自的专业特长,同时,对其他的专业也都有所了解,是一个多面手,团队中人员的分工将不会非常明确,大家最注重的是互相协作。企业间的业务单元不再是封闭式的金字塔层次结构,而是网络状的相互沟通,相互学习的结构,这种结构打破了原来业务单元之间的壁垒,使得业务单元之间广泛进行信息交流,增加部门间对彼此工作任务与活动的理解,减少内部摩擦,提高工作效率。此外,互联网络还通过扩展员工信息占有的范围和深度,促进了员工知识结构和工作经验向高技能化方向发展,使得组织内成员之间受教育和培训的程度、专业方向和技能以及工作的性质和任务等方面的差异程度逐渐缩小。从这个角度来看,互联网络使得部门之间隔阂缩小,部门职能模糊,员工专业知识拓展,能接收到的信息量更丰富,部门与部门之间,员工与员工之间更易于协调与沟通,因此组织结构中横向的复杂性程度变低。

另外,基于互联网络的信息系统应用也会促使企业组织结构的横向差异性变小。传统生产模式中,产品设计、生产、销售、售后等各环节呈现线性格局,组织基本按管理职能的专业分工而进行部门化设计和职能设置。而在网络经济下,企业生产模式不再是线性的,而是一种以信息和知识为中心的网络状组织结构。MIS(管理信息系统)、ERP(企业资源计划)、SCM(供应链管理)和CRM(客户关系管理)等各类信息系统的应用可以智能化的实现大部分组织的管理职能——计划、组织、指挥、协调等,因此组织内部的分工不再是传统的职能分工型,而是转向为任务分工型的组织结构,这样的转变会带来组织中的专业化和部门化程度降低,即降低了组织结构的横向差异性。

(2)互联网络对纵向差异性的影响

互联网络的发展与广泛应用是网络经济最突出的特征,是构成网络经济中“网络”内涵的基本要素。网络信息技术广泛应用的直接效果是提高了信息的效率，降低了信息的不对称程度。信息效率的提高表现为信息收集、传递、处理和利用效率的提高，如利用电子邮件和视频会议进行信息的沟通与传递。信息不对称程度的降低表现为利用网络信息技术可以突破时空限制对信息进行搜寻、整理和加工，并能保证同一信息可被多个使用者同时使用。工业经济时代，企业的信息传递是严格按照层级路线进行的，这种信息的传递与沟通方式与层级制组织结构形式相匹配，适应了传统组织结构形式加强统一领导和统一指挥的要求。但这种传递方式由于信息传递的路线长、所耗时间多，极易造成信息的失真或丢失，导致众多商机的贻误。网络信息技术的发展改变了企业的信息传递方式，按等级系列进行传递的传统方式被网络化传递这一新型方式所取代。在这种方式下，企业的各级成员都可以平等地获得自己所需要的信息，互联网络的应用扩大了信息的覆盖面，提高了信息传输的速度，并且能确保信息的准确性，因而减小了组织纵向复杂性。

另外，传统的组织结构是金字塔式，自上而下、递阶控制的层级结构。其严格的等级体系、明确的责权统一和完备的规章制度，保证了用人工方法采集、加工和传输信息的有效性和效率，而庞大的中间管理层主要是起“上传下达”信息的作用。随着企业网络信息技术应用，以及基于互联网络的MIS、ERP、SCM和CRM等系统的上线将优化企业的信息流，大大提高企业的信息收集、处理和传递的能力。企业信息系统承担了以前由中层管理人员所负责的许多沟通、协调和控制方面的职能，企业减少了中层管理人员，缩短了组织的高层与基层之间的信息传递距离，所以庞大的中间管理层在信息系统面前显得既多余又加大了管理费用，不仅延缓了信息传递的速度，使信息污染和失真的可能性增大，而且也极大地增加了信息处理的模糊性和不确定性。在组织结构的垂直化中大大压缩管理层次，不仅适应了信息导向的管理要求，而且加速了信息的传输，减少了信息污染，提高了组织结构的效率，可以说网络信息技术使传统组织结构中的中层管理人员失去了存在的基础。因此,互联网络的应用会带来企业组织中间层级的降低,而形成一种“扁平化”的网络组织[1]。一个组织中纵向管理层级数的减少,其纵向组织结构之间的差异性就会降低。

(3)互联网络对空间分布差异性的影响

组织结构的空间分布差异是指一个组织在其管理机构、部门及其人员的地区分布上形成的差异程度。企业成长必然导致其在地理位置上的扩展,这会带来组织空间分布的差异性。在网络经济下,因为地理位置的原因带来的管理困难已经不再是影响企业发展的障碍,互联网络可以有效解决因地理分散原因带来的公司内部信息交流困难。基于互联网的各类应用使得企业可以在全球范围内轻松发布信息和指令,员工都可以通过 E-mail、内部 BBS、即时通信工具等多种手段保持紧密联系,各项指令都可以及时迅速到位,全球范围的员工就像在同一地理位置工作一样,这极大地提高了工作效率。人们可以通过不必面对面的方式进行沟通和协作,企业的各项要素只要能完成一定的组织功能,都可以分散排布,如人们可以通过互联网在家连入公司网络进行办公,工厂的生产控制也可以通过远程电脑来进行。所以,互联网络的应用使得组织内各部门之间的空间差异性降低,带来企业组织结构的空间复杂性程度下降。

总体而言,互联网络的广泛应用将会对企业的组织结构复杂性产生很大的影响。互联网络信息技术的应用,拓展了信息共享范围,降低了信息获取成本,增强了信息传递的及时性和完整性,使得企业的横向专业化和部门化的差异性缩小,并带来了垂直管理部门的层级缩减,这些共同导致了组织结构的横向差异性和纵向差异性的减小,同时也使得组织在地理空间分布上的差异性减小,因而最终降低了组织结构的整体复杂性。

### 2.2.2 互联网络对组织结构规范性的影响

组织结构的规范性是指使用规则和标准处理方式以规范工作行为的程

---

[1] 赵文. 网络时代企业组织模式创新的动因与对策[J]. 学海,2001(6).

度。传统的高度正式化的组织结构以规则和程序规定每个个体应该做什么。组织结构的规范性和正式化程度代表着一个组织对规章的使用,可由工作的书面化和对规章的遵守来进行测度。工作的书面化代表了工作说明的详细程度,即专业分工的程度。而规章的遵守则指的是就职者接受监督,以保证其行为符合工作说明规定的标准的程度。Weber 认为组织中的活动都必须按照规则、工作描述等进行规范,组织就像机器一样,是一个官僚式结构。传统企业组织结构最显著的特征就是借助科层制度,通过组织内高度正式化的、完整详细的流程制度、规则来实现企业全局整体的调度和组织内信息的传递无阻。因此,传统组织结构的高度规范性使得企业表现出刚性的特征,在外部环境稳定的条件下,这是一种运行效率较高的组织结构形式。但是当企业的组织结构与外界环境不相适应时,组织结构刚性本身则表现出很难改变的特征。

网络经济下,因为互联网络的广泛应用,信息的迅速传播使得企业组织的外部环境变得更加复杂和不确定。信息与网络技术的发展,使生产者与消费者的距离缩短到只需要滑动鼠标和电脑屏幕的咫尺之间,信息不对称情况大为改观。同时,消费者对产品的多样化、个性化需求凸显,订单式消费成为现代消费的主导。顾客已不满足于花费时间和精力去等待某种产品和服务,而是要求企业能在其指定的时间和空间内提供符合要求的产品和服务。市场和商业模式的这种变化,要求企业能够对不断变化的市场做出快速、灵敏的反应,不断开发出满足用户需求的、定制的个性化产品去占领市场,赢得竞争。对企业来说,不仅要按新的时空观念来安排生产和服务,还要按新的时空观念来构造新的组织结构。如果还是像传统的组织结构那样程序化地传递消费者的需求信息,再重新制定规范并按之组织生产,势必会错失消费者,而不能适应时代的要求。

企业的目标是为了追求经济效益,组织结构形式是企业为了适应经营需求而存在的。因此,为了适应全球性的竞争,企业组织结构将转变成为一种具有柔性特征的多变组合,具有柔性特征的组织将会取代传统的刚性组织。柔性组织指的是面对外部环境与组织自身的变革，能够做出快速反应、快速决策与快速行动的组织。柔性组织为适应多样化、个性化复杂多变的需求，建立柔性制造或服务系统。企业在经营过程中能够最大限度地决定业务流程，并根据外部环境的变化及时做出改变，具有灵活性、敏捷性、自适应性的特征。组织的柔性化趋势可以表现为临时团队、工作团队、项目小组等形式。团队工作，这个概念最初源于制造业的管理工程，指的是过去由若干员工独立完成一部分的一系列工作，现在由一组员工共同完成，就像一个队组一样行动。在团队中，每个成员都具有各自的专业特长，同时，对其他的专业也都有所了解，大家最注重的是互相协作，团队也会像个人一样具有发现和解决问题的能力。这样，团队可以突破原有的部门之间的隔阂，减少与客户之间的中间联系，直接面对顾客，以群体与协作优势赢得主导地位。互联网络的发展更加速了企业的柔性化发展速度，冲击了传统刚性组织结构的基础，信息传递不再是自下而上地逐级传输，实行集中决策；命令也不再自上而下地逐级下达，实行统一指挥。

企业信息系统 ERP、SCM、CRM、CIMS 等都具有较好开放性和环境适应性，随着这些管理技术和软件的进一步发展和完善，将会大大提高企业生产经营的个性化、柔性化水平，减少决策与行动之间的时间延迟，加快对市场和竞争动态变化的反应，从而降低了投资过程中的风险成本，提高了企业组织结构的柔性。在网络信息技术这一新的变革力量驱动下，企业组织结构不应当是笨重、稳定的传统结构，而应是高度弹性、高度流动性、高度分权的柔性组织。为了充分利用互联网络的柔性功能来对千变万化的环境做出快速、有效的反应，也应给员工更大的灵活自主权，即不应用更多传统的规章制度来束缚他们的手脚[1]。因此，互联网络带来的组织柔性化特征使得企业在管理制度的标准化和正式化水平上有所降低。

虽然互联网络的应用使得企业组织适应性更强，行动更加灵活，但并没

---

[1] 钱平凡. 组织转型[M]. 浙江：浙江人民出版社，1999.

有增加企业组织内部的无序性，这是因为企业内部的各类管理信息系统的应用。ERP、SCM、CRM 等各类信息系统贯穿于企业的产品设计、生产、销售甚至售后服务等整个过程中，各类生产流程的自动化降低了人为的失误，同时信息系统还为企业管理中的控制工作提供有效的工具。在企业中应用的各类信息工具丰富了企业的监控手段，从这个角度来看，网络信息技术的应用提高了组织的规范化程度。

组织的内规范程度也受到了互联网络应用的影响。员工内在的社会行为规范标准会随着员工受教育程度和个人素质的提高而上升，而企业内部互联网络的应用要求企业给予员工更多的培训和教育机会，这有助于提高组织的内规范程度。同时，员工的决策准确性也会随着信息交流的顺畅和准确程度的提高而提高，而员工异常行为带来的风险也会随着企业监控工具的改进而下降。

综上所述，互联网络的应用使得企业柔性化趋势明显，企业更加灵活，这带来企业的标准化程度和正式化的程度下降，而各类管理信息系统的应用有助于提高企业流程的自动化，这会带来规范化程度的提高。另外，信息处理和传输能力的改善为企业带来更多的管理控制方式，也会带来组织整体的规范程度提高。

### 2.2.3 互联网络对组织结构集权与分权的影响

组织结构中的集权/分权程度是指组织内的决策权力的集中与分散程度。集权与分权性则决定了权力在结构中的分配情况。网络信息技术导致集权还是分权的问题，不同的学者看法并不一致。一些学者（Malone、Yates and Benjamin，1987）认为，由于网络信息技术使管理者得到更快、更准确、更丰富的信息，减少了决策的不确定性，可能导致高层集权化的趋势更明显。有一些学者认为，网络信息技术能使中层和低层管理者获得更多组织中非局部的信息，使他们能以全局视野做出更优决策，从而导致分权化的趋势更为明显。也有学者认为，这种集权与分权不能完全由网络信息技术决定，还要受到所处理的信息类型、原有中层管理者的工作类型、组织原有的等级结构关系和组织文化、决策的难易程度等影响。Gurbaxani 和 Whang(1991)认为,互联网络是否导致集权或分权结构,完全依赖互联网络如何应用:当互联网络用于减少决策和信息费用时,它导致集权管理;当互联网络为了减少代理费用时,它可能导致分权管理。Danziger 等研究 42 个地方政府计算机化决策案例,发现权力集中度不能用任何一个单一的因素来解释。他们认为,握有决策权力的人影响计算机化决策,计算机应用趋于增强现有的权力结构,强化他们已有的权力。当组织采用某种互联网络后,决策者根据互联网络需求对下层组织进行组织结构、职能、业务过程组合的变革,然后逐步转向自身变革。当然,也有设计者认为,决策者在设计互联网络功能时,也设计了高度匹配的组织结构和信息结构,并且只有这样,才能充分发挥互联网络的潜能。更多的学者认为,网络信息技术既导致集权又导致分权,网络信息技术使决策能迅速地通过管理中多个中间层而不降低质量,决定集权和分权的因素不是网络信息技术,但网络信息技术对两者都有帮助。而且 Attewell 等通过大量案例研究发现,组织中网络信息技术的应用对决策权的分配具有两面性,即网络信息技术的应用既可促进组织集权化也可促进分权化。

具体而言,互联网络发展和广泛应用带来了两个方面的影响:(1)信息能更加快速有效地进行传递,同时也能加强信息安全的保护能力、控制能力和集中性;(2)一线员工通过互联网络掌握了更多的信息,决策能力和市场应对能力大大提高,责任感得以增加。毫无疑问,公司决策结构将可以向两个方向发展,即公司决策权力进一步集中或公司决策权力进一步下放。

互联网络在组织中信息的传递起着非常重要的作用,管理信息系统、决策支持系统等信息系统能够帮助企业上层管理者收集各类业务数据,根据要求提供分析结果,并将某些决策步骤自动化,这可以有效提高管理者的决策能力。同时,互联网络还能够帮助管理层更快捷更准确地获取一线信息,这也使得决策更为准确,因此,上层管理者做出决策的机会会更多[1]。

而与此同时,企业的普通员工获取信息能力也在增强。信息富裕程度的提高必然为员工带来决策的可能,即互联网络应用为企业分权也提供了技术基础。互联网络允许高层管理者及时了解下属任何决策的结果,并且可以进行干涉。然而,在这个过程中,员工可能倾向于把加入个人意见的、经过"过滤"后的信息向上传输给高层,如果最高层获得的相关决策信息中包含着下级的倾向性意见越多,决策的集中程度和控制程度也就越低。另外,互联网络还可以把组织内外的信息联为整体,避免信息割据、信息扭曲等倾向,为分权化决策创造条件。领导者的主要工作由传统的对员工下命令而转向处理更高难度的决策性事务。与此同时,一线员工通过掌握更多的信息,经合理授权,可以进行更多的决策,这不仅提高了业务活动的响应能力,而且增加了员工的使命感,充分发挥了员工的主观能动性,从而提高了整个企业的决策能力。互联网络在企业中的应用使得组织趋于柔性化,如不赋予下层管理人员更大的独立自主权,他们就无法充分利用互联网络的柔性功能去有效地应付快速变化中的环境,企业就必然无法从互联网络的柔性功能获得应有的效益。另外,由于员工文化、技能素质的提高,他们要求参与管理、参与有关决策的愿望更为强烈。在这种情况下,互联网络的广泛应用会导致分权程度的增加。

就目前企业集权程度的特点来看,决定集权程度高低的因素主要是行业特点、企业文化和管理活动的不同决定的。比如生产资料行业往往集权程度较高而消费资料行业集权程度较低,人力资源、财务活动往往是高度集权的,而生产和营销则是分散到基层进行决策。网络信息技术的应用减少了技术条件对企业策略选择的限制,企业可以更加自由地根据自身特点决定企业集权程度。现代网络信息技术的发展,既增加了企业集权化程度,又

---

[1] Feurer R. ,K. Challarbaghland J. Wargin, Aligning Strategies Proeesses and IT: A Case Study, Information System Management, 2000.

为企业进一步分权创造了可能。网络信息技术增强了管理人员处理信息的能力,可以使他们处理更多的决策任务。希望集权的上层管理人员可以自己处理更多决策任务,同时希望分权的上层管理人员也可以把大量决策交给企业中较低层的管理者处理。

因此,一方面,互联网络增强了管理人员处理信息的能力,有利于管理人员决策能力提高,为企业集权增加带来可能。而另一方面,互联网络也增强了普通员工获取信息的能力,信息共享程度的提高也促进了企业决策权的下放。企业利用互联网络进行集中一些决策权而分散另一些决策权,这种取舍取决于企业所处的行业特点、企业文化以及信息系统应用范围和特点等多种因素。

# 第三章 企业变迁:生产专业化和模块化

## 3.1 生产视角下的组织变迁

### 3.1.1 分工、专业化与组织变迁

经济学鼻祖亚当·斯密认为,分工的发展是生产力提高和经济增长的源泉。在亚当·斯密的基础上,杨格指出报酬递增的原因在于专业化经济。专业化经济是指企业和个人进行某项生产时,生产函数显示边际和平均劳动生产率随着企业和个人在该生产活动中的专业化水平上升而增加。专业化程度的提高确实提高了生产活动的效率,但人类的需求又是多样的,必须通过先分工后交换实现专业化经济,交换不可或缺。随着专业化水平的提高,分工和专业化增加生产的迂回程度,交换不可避免地带来了交易费用。交易频繁带来交易费用的上升会降低甚至可能抵消专业化和分工带来的好处,因此在专业化经济与交易费用之间存在着两难冲突。新兴古典经济学认为经济组织的本质就是寻找最优效率的分工水平和专业化模式问题,交易费用与分工和专业化经济性之间的权衡共同决定着经济组织的变化。专业化理论将企业视为分工、专业化产物,企业组织的出现以及企业组织内部分工的复杂化也是分工内生演进过程的产物。企业的形式与变化将和特定分工水平与演进速度相关。一个消费者—生产者可以选择完全专业化生产模式和其他非专业化生产模式并参与交易,也可以选择自给自足,选择过程由交易费用和专业化经济或分工经济权衡决定。这种选择过程也就决定了

该消费者—生产者的边界;而企业组织的边界一旦得以突破,生产活动究竟应当以利用市场进行组织还是其他组织形式也是由交易属性和交易费用来决定。

具体来说,专业化分工的经济性体现在对生产效率的促进上,它使得每个企业只专注于自己最具优势的生产环节,可将资源禀赋的潜力发挥到最大。随着专业化水平的提高和产品的多样化,单一产品的生产和全社会生产过程中交易数量都呈指数增长,而且因为分工和专业化增加了生产的迂回程度,出现了大量的中间产品、生产工具和机器设备都需要交换,也导致交易数量急剧上升。总的交易费用是单位交易费用(每笔交易的费用)与交易数量的乘积。随着交易数量的上升,总的交易费用也急剧上升。专业化程度的提高还会加深信息不对称程度。专业化分工使不同行业、不同专业的劳动者之间产生了巨大的信息差别,造成信息在不同行业和专业人士间的不均衡分布,不断加深加剧了信息不对称问题,这是因为,一方面,分工的深化使得人们越来越局限于社会分工体系的一个环节上,从而其生存和发展越来越依赖市场交易,从而对信息提出了日益增大的需求;另一方面,由于交易规模日益增大,信息的收集却越来越复杂且越来越困难了。专业化分工和交易费用经常是处于矛盾的对立面,交易费用增加成为专业化分工的必然成本,交易费用的上升会降低甚至可能抵消专业化和分工带来的好处,因此在专业化经济与交易费用之间存在着两难冲突。任何一个现实中理性的经济主体必须综合考虑生产活动和交易活动的资源竞争关系,以实现个人效用的最大化和企业利润的最大化,因此专业化经济与交易费用之间就存在着一个均衡。如果分工带来的专业化经济超过分工造成的交易费用增加,组织将继续沿着分工的方向演进,如果处于平衡状态,则组织结构暂时达到一种均衡,分工和专业化发展就会停止下来,直到交易效率的改进。如果新技术、新的信息传递方式、新管理方法的引入打破了均衡,组织就要重新衡量专业化经济与交易费用,组织变革就开始了。

### 3.1.2 技术进步与组织变迁

分工水平取决于分工交易所带来的好处(即专业化经济)和由于分工而产生的交易费用之间的均衡。假设分工经济不变,那么交易费用的高低将决定分工水平。新兴古典经济学认为交易费用分为外生和内生交易费用两类。外生交易费用主要与社会经济状况、交易技术和交易方式相关,比如交通便利程度、运输技术、计量水平、信息传递和处理技术等。内生交易费用水平则与各种限制人们机会主义行为倾向的制度安排有关,内生交易费用水平越低越有助于激励人们做出分工决策,提高分工水平。

交易技术、交易方式和制度安排是影响交易费用的主要因素。重大交易技术的进步往往能促进交易方式的演进和优化,设置创造全新的交易方式。比如网络经济下建立在互联网络上的现代金融体系能够完全取代交易中的现金流和票据流,降低交易费用。另外由于互联网络上高效的信息收集、加工处理和信息传播效率的提高,可以有效地消除由于信息不对称、不完全造成的交易前逆向选择和交易后的道德风险,从而降低内生交易费用。因此,互联网络的应用会打破原有专业化经济与交易费用之间的均衡,带来分工水平的变化。

我们认为互联网络技术从两个方面影响了组织演进的方向:

其一,网络经济下互联网络技术降低了交易费用,提高了组织交易的效率,这有助于促进社会分工和专业化水平的提高。交易成本不仅影响交易的具体组织形式,同时还是影响一体化水平的重要因素,即决定了分工是以企业内分工还是以社会分工形式进行,或者说交易是在企业内完成还是由市场完成。而企业内分工水平的决定,按照新制度经济学的基本思路则取决于交易费用与企业内部组织管理费用的对比,或者更准确地说是自制成本与外购成本的比较。

其二,随着互联网络技术的应用,出现了模块化生产网络。模块化经济所带来的规模经济、专业化经济实现方式发生变化,模块化实现了分工经济收益的最大化。互联网络技术的发展为模块化生产创造了必要条件,企业之间通过互联网络带来更紧密的联系增加了他们之间专业化分工和进行合作的可能。同时网络技术的发展提高企业的生产效率,会聚在宏观层面上表现为经济增长和人均收入水平的提高,最终导致了市场需求的多样化和更多的投入品可选择性。对模块化组织而言,需求的多样性是模块化组织形成的直接驱动力(Schilling and Steensma, 2000)[1]。投入品的可选择性越多,通过这些模块产品的配置就会获得更多的多样化产品。而且多样性需求与投入品之间会相互影响、互相增强,共同驱动产业模块化标准的形成和完善。因此需求的多样性和投入品的多样性组合在一起共同成为组织模块化直接驱动力。

## 3.2 网络经济下企业分工与生产专业化

### 3.2.1 网络经济下企业分工与专业化变化前提:交易效率的提高

新兴古典经济学认为专业化经济与交易费用之间的均衡会因为交易效率的改变而被打破。杨小凯[2]指出在一定的社会经济条件下(人口密度、居住形式以及分散程度等),交易效率取决三个因素:交易技术。如运输工具、通信手段等等;交易方式。如定期集市,专业商人以及市场交易本身倾向于利用分工和专业化好处的大规模交易等;制度安排。如专利制度和私有财产保护制度等。在网络经济中,交易技术的进步和由此引起的交易方式的创新降低了交易成本,提高了交易效率。

---

[1] Schilling, M. A. and Steensma, H. K. , The Use of Modular Organizational Forms: An Industry-level Analysis, Academy of Management Journal, 2001, 44(6):1149 - 1168.

[2] [澳]杨小凯,黄有光. 专业化与经济组织:一种新兴古典微观经济学框架[M]. 北京:经济科学出版社,2000.

1. 交易技术

交易技术对交易成本下降的影响体现在具体交易过程中的每一个环节。一般来讲,交易过程可以看成是供给者寻找合意的需求者,需求者寻找合意的供给者,并最终签订和履行契约实现产权的部分或全部转让的过程。按照科斯的定义,交易费用一般应包括三个项目:(1)为了了解、确定交易对象而支付的信息费用,即搜寻费用。市场经济自由竞争的高效率不是自发的无成本实现的,而是通过交易双方有成本的搜寻实现的。(2)为了获得交易的可能性而支付的费用,即交易双方为了使自己处于能够交易的环境和条件之中所支付的费用,即交易实施费用。如购买者获得可接受的支付手段、前往商场等行为的成本,以及销售者租用场地、周转库存、运输和派送货物等费用。(3)与产权转让有关的费用,即内生交易费用,如产权的界定,契约的谈判、拟定、实施以及监督等费用。

通过对交易费用的细分可以清楚看到:网络经济中最常见的商业模式——电子商务以及网上的金融服务都可以极大地降低第一类和第二类交易成本。目前,交易双方可以通过互联网在极短时间内以极少的费用在全球范围内搜索最理想的交易伙伴,并可以随时通过网上的金融服务和四通八达的物流配送系统实施这笔交易。虚拟的交易场所以及零库存管理技术,都可进一步降低实施交易的成本。

在与产权和契约有关的内生交易费用中,各种层次的社会制度如法律、规范和道德等无疑对降低界定、行使和维护产权的费用有重要作用,但制度的实施离不开对相关信息的收集、加工和传输,仍有信息成本,获取有效信息的成本越低,内生交易费用就越低。同时,先进的通信技术和低廉的信息成本可以较好地防范和监督由于信息不完全、不对称导致的机会主义行为,大大地减少违约的风险和监督的费用。另外,在网络社会中,从一个交易对手转向另一个的交易对手几乎没有成本,加上搜寻成本减少带来的更加激烈的市场竞争也有效地制约了内生交易费用的增长。

2. 交易方式

网络经济对传统经济的重要影响之一在于它改变了传统的交易方式。实际上,自工业革命以来,人们的交易方式一直处于不断变化之中,轮船、火车、飞机的出现降低了人类经济活动在空间上受到的地理位置束缚,电话、电报、传真机等通信工具的发明使得人类在信息的沟通上更加方便,这些都为人类从传统的面对面交易方式向新的交易方式转化创造了有利条件。网络经济中,电子商务时代的到来,使得一些交易手段在不知不觉间变得更便利、更快捷了。在网络时代,订单、发票、提货单、海关申报单、进出口许可证等日常往来的经济信息,都可以按一定的数据格式通过网络进行传送;网上定向信息发布部分代替了电视、报章等日常新闻媒介中的广告宣传;电子邮件正在减少甚至淘汰传真、信函等传统的信息交换工具。电子货币代替纸质货币,网上信用证结算、转账高速运行,引发付款方式的巨大变革。电脑软件、电子书刊、电子音像制品等无形产品的网络化供给成为全新的交易方式。比如,以前零售业的交易方式都是“打开门面做生意”,铺面和商店是客户考察产品、讨价还价和确定交易的重要场所。而现在的零售业根本就可以不要门面只需在网上建立网站或者在网上购物中心租赁网上店铺即可,既节约了商家租赁铺面的成本,又节约了顾客的交通成本。基于信息网络的新的物流模式干脆省掉了层层中间商的仓储,直接将物品从生产企业分配到个人。网上交易方式与前网络时代的交易方式的本质区别在于:简捷、规范、程序化、具有明显的成本优势。每一种交易方式的创新都是以交易费用的降低为基础的。

### 3.2.2 网络经济下企业分工与专业化的超边际分析

20 世纪 80 年代以来,以杨小凯、罗森(Rosen)、贝克尔(Becker)、博兰(Borland)和黄有光等为代表的一批经济学家利用非线性的“超边际分析方法”，重新将古典经济学中关于“分工和专业化”的精辟思想转化为经济数学模型，并在此发展出新兴古典经济学。新兴古典经济学的理论基础是以亚当·斯密、杨格为代表的古典经济学中的分工理论，从专业化水平和程度入手，导出需求和供给，使需求和供给分析不但包括资源分配问题，也包括经济组织问题。这里的经济组织形式不仅与个人专业化方向和程度有关，而且与社会分工模式、技术结构、产业结构、企业制度的设计、市场发育程度、市场容量的大小等均有关系。随着交易效率的改进，劳动分工也不断演进，而伴随着分工的演进，每个人的专业化水平、生产率、贸易依存度、贸易品种类及相关市场个数都会随之增加。

在这部分，将借用新兴古典经济学的研究方法与思路，分析在网络经济环境下，互联网络技术应用带来的交易效率改进为企业组织形式与专业化程度带来的变化。

### 一、理论模型的建立及其说明

本模型中，作者考虑个体既是生产者，又是消费者，以分工经济(Smith，1776；Young，1928)与交易费用(Coase，1937；Cheung，1983，1998；Williamson，1985 等)作为两难冲突，通过超边际及一般均衡分析方法，探索在网络经济环境下，与传统经济环境相比，企业分工和专业化均衡变化情况，并分析网络互联技术作为一项革命性的新技术，对企业分工与专业化选择所产生的影响。

考虑一个只有一种最终品 $z$，一种中间品 $x$ 的经济。所有的个体既是生产者也是消费者[1]，个体可以自己生产最终消费品，也可以通过市场购买来满足消费。中间品也是一样可以自己选择生产，也可以选择从市场中采购。有如下假设：

---

[1] 超边际及新兴古典模型假定个人既是生产者又是消费者。这个模型也沿用这个假定，即个人既是生产者又是消费者，或者既是中间商又是消费者(因为中间商是交易服务这种特殊产品的特殊生产者和销售者)。这个假定就与新古典模型区分开来。在新古典经济学中，个人要么是纯生产者要么是纯消费者(即生产与消费的二元割裂)，因此不能分析生产(包括交易)的自给自足水平，从而不能解释分工与经济组织的结构变迁等现象。

假设1:只有一种最终消费品 $z$。有一种中间产品 $x$

假设2:在不同的环境中中间产品 $x$ 的交易效率 $t$,最终产品 $z$ 的交易效率 $k$ 都是不同的。

目标函数:$MAX: u = z + kz^{d}$

约束条件:

$$
\begin{cases}
z^{p} = z + z^{s} = (l_{z} - b)(x + tx^{d})^{\beta} & \text{(最终产品函数是由最终产品专业化水平和中间生产要素共同作用组成)} \\
x + x^{s} = l_{x} - b & \\
l_{x} + l_{z} = 1 \quad l_{x}, l_{z} \in (0,1) & \text{(资源约束)} \\
p_{x}x^{d} + p_{z}z^{d} = p_{x}x^{s} + p_{z}z^{s} & \text{(预算约束)}
\end{cases}
$$

目标函数表示了人们从最终产品的消费中获得最终效用,受到 $z$ 的生产函数、专业化水平以及收入预算等因素的约束。人们在生产最终消费品 $z$ 时候,必须使用中间产品 $x$。其中 $z,x,y$ 是自给量。$z^{s},y^{s},x^{s}$ 分别是各自的售卖量。$z^{d},y^{d},x^{d}$ 分别是各自的购买量。$z^{p}$ 是生产量。$u$ 是消费最终产品的效用,$k$ 是最终产品的交易系数。$b$ 是专业化生产 $z,x$ 的学习成本,为了简化模型,假设专业化生产 $z$ 和 $x$ 的学习成本是一样的。$p_{x}$ 是中间产品的价格,$p_{z}$ 是最终产品的价格,$\beta$ 是产出弹性。每个厂商的劳动禀赋为1,决策变量 $lx,lz$ 分别代表生产 $x,z$ 的劳动的份额,即专业化水平。

我们知道,若市场有分工出现,那么就有交易发生,因此决策者(交易各方)就会面临分工或以与交易费用的两难冲突。这些交易费用主要来源于交易所处的制度及环境,如所出的经济和法律制度环境以及所处区位的基础设施(如运输和通信条件)以及城市化水平等,这里用 $1-t$(或 $1-k$)表示生产者所处环境的制度费用系数,相应的 $t$ 和 $k$ 代表他们所处的环境的制度效率系数。$t_{1}$, $k_{1}$ 分别为中间品 $x$ 与最终品 $z$ 在传统经济环境下的交易效率系数，$t_2$，$k_2$ 分别为中间品 $x$ 与最终品 $z$ 在网络经济环境下的交易效率系数，由上文分析可知，$t_1 < t_2$，$k_1 < k_2$。

根据文定理思想，即最有决策从不同时买和卖同种产品，从不同时买和生产同种产品，最多只卖一种产品，有如下命题：

每人最多只卖一种产品：

当 $z^s > 0, x^s = z^d = 0, z, x^d \neq 0, l_x, l_z \neq 0$

当 $z^s = 0, z = x^d = 0, x^s, z^d \neq 0, l_x, l_z \neq 0$

在这里，决策变量 $x, x^s, x^d, z, z^s, z^d, l_x, l_z$ 都可以取零值，这就涉及角点解问题，正因为这些，决策变量可以取零值，从而能够解释网络经济条件下，个体主动选择分工决策的差异，这是与新古典经济学分析框架的重要区别。

根据以上命题，我们来确定分工结构和决策模式，以分析在网络经济环境下，互联网络对分工的影响。

## 二、模型的市场分工结构与一般均衡分析

容易理解，产品 $z$ 和中间品 $x$ 既可以自己生产（生产的内部化），也可以从市场上购买，即产品和交易服务的“外包”生产和供应。这就是所谓的“做”与“买”的决策。因此，计算得到，个体可以有 3 种决策来满足对最终产品 $z$ 的需求：

第一种为自己自足决策（表达为 $xz$）它是指既生产 $x$ 产品，也生产 $y$ 产品，但生产只为自己消费。

第二种决策（表达为 $x/z$），生产 $x$ 中间品，用于出售，买进 $z$ 进行消费。

第三种决策（表达为 $z/x$），购买 $x$ 中间品，用于最终消费品 $z$ 的生产。

可以看出第一种决策是非专业化决策，第二、三种都是专业化决策。而第二三种专业化决策在不同的外部环境下，分工和专业化均衡会发生变化，这就是我们所考察的重点。

1.在没有分工的情况下,自给自足A(xz)结构及均衡:

$$\begin{cases} MAX: u=z & \text{(总效用是自给最终产品量函数)} \\ \text{约束条件为:} & \\ z^p=z=(l_z-b)x^\beta & \text{(生产函数由最终产品生产专业化水平和中间产品 } x \text{ 组成)} \\ x=l_x-b & \\ l_x+l_z=1\ \ l_x,l_z\in(0,1) & \text{(资源约束)} \end{cases} \tag{3-1}$$

解得最优解为:

$$x=\frac{\beta-2b\beta}{\beta+1}$$

$$U_A=\frac{(1-2b)^{\beta+1}\beta^\beta}{(\beta+1)^{\beta+1}} \tag{3-2}$$

2.在传统经济环境下,企业进行生产与分工的选择与均衡:

* 购买中间产品 $x$,生产最终产品的分工模式 B($z/x$)

* 生产中间产品 $x$,购买最终产品的分工模式 B($x/z$)

(1)B($z/x$)表示生产 $z$ 产品,购买 $x$ 最为中间产品的分工模式

$$\begin{cases} MAX: u=z & \text{(总效用是自给最终产品量函数)} \\ \text{约束条件为:} & \\ z^p=z+z^s=(l_z-b)(t_1x^d)^\beta & (t_1 \text{ 是中间产品 } x \text{ 在传统经济下的交易效率系数)} \\ l_z=1 & \\ p_xx^d=p_zz^s & \text{(预算约束)} \end{cases} \tag{3-3}$$

通过 $\frac{\partial u}{\partial x^d}=0,\frac{\partial u}{\partial z^s}=0$,得到:

$$x^d=\left[\frac{p_x}{p_z\beta t_1(1-b)}\right]^{\frac{1}{\beta-1}}$$

$$z^s=\frac{p_x}{p_z}\left[\frac{p_x}{p_z\beta t_1(1-b)}\right]^{\frac{1}{\beta-1}}$$

最优解为：$U_1=\left[\frac{{p_x}^{\beta}}{{p_z}^{\beta}(1-b){t_1}^{\beta}}\right]^{\frac{1}{\beta-1}}(1-\beta)$ (3-4)

(2) $B(x/z)$表示生产 $x$，购买最终产品 $z$ 的交易模式：

$$\begin{cases}MAX:u=k_1z^d & (k_1\text{是产品}z\text{在传统经济下的交易效率系数})\\ \text{约束条件为：} & \\ x=l_x-b & (\text{生产函数})\\ l_z=1 & \\ p_xx^s=p_zz^d & (\text{预算约束})\end{cases} \tag{3-5}$$

通过$\frac{\partial u}{\partial x^s}=0$，$\frac{\partial u}{\partial z^d}=0$，得到最优解：

$$x^s=1-b,z^d=\frac{(1-b)p_x}{p_z},U_2=\frac{k_1(1-b)p_x}{p_z} \tag{3-6}$$

(3)分工均衡：根据效用均衡等化条件 $U_1=U_2$，解出 $B(z/x)$ 及 $B(x/z)$ 两种分工均衡状态下最终产品和中间产品的相对价格：

$$\frac{p_x}{p_z}=\frac{(1+\beta)^{\beta}{t_1}^{\beta}(1-b)^{\beta}}{{k_1}^{1-\beta}} \tag{3-7}$$

将上式代入 $x^d$ 表达式，则得到在此状态下分工均衡时，中间产品 $x$ 的购买量为：

$$x^d=\frac{1-b}{1-\beta}k_1t_1\beta^{\frac{1}{1-\beta}} \tag{3-8}$$

B结构下的最终效用水平为：

$$U_B=(1-b)^{\beta+1}{k_1}^{\beta}(1+\beta)^{\beta}{t_1}^{\beta} \tag{3-9}$$

3. 在网络经济环境下，企业进行生产与交易的分工选择与均衡：

* 购买中间产品 $x$，生产最终产品的分工模式 $C(z/x)$

* 生产中间产品 $x$，购买最终产品的分工模式 $C(x/z)$

(1)C(z/x)表示生产 z 产品,购买 x 最为中间产品的分工模式

$$\begin{cases} MAX: u = z & \text{(总效用是自给最终产品量函数)} \\ \text{约束条件为:} & \\ z^p = z + z^s = (l_z - b)(t_2 x^d)^\beta & \text{(}t_2\text{ 是中间产品 }x\text{ 在网络经济下的交易效率系数)} \\ l_z = 1 & \\ p_x x^d = p_z z^s & \text{(预算约束)} \end{cases} \tag{3-10}$$

通过 $\frac{\partial u}{\partial x^d} = 0, \frac{\partial u}{\partial z^s} = 0$,得到:

$$x^d = \left[\frac{p_x}{p_z \beta t_2 (1-b)}\right]^{\frac{1}{\beta-1}} \tag{3-11}$$

$$z^s = \frac{p_x}{p_z}\left[\frac{p_x}{p_z \beta t_2 (1-b)}\right]^{\frac{1}{\beta-1}}$$

最优解为:$U_1 = \left[\frac{{p_x}^\beta}{{p_z}^\beta (1-b) {t_2}^\beta}\right]^{\frac{1}{\beta-1}} (1-\beta)$　(3-12)

(2)C(x/z)表示生产 x,购买最终产品 z 的交易模式:

$$\begin{cases} MAX: u = k_2 z^d & \text{(}k_2\text{ 是产品 }z\text{ 在网络经济下的交易效率系数)} \\ \text{约束条件为:} & \\ x = l_x - b & \text{(生产函数)} \\ l_z = 1 & \\ p_x x^s = p_z z^d & \text{(预算约束)} \end{cases} \tag{3-13}$$

通过 $\frac{\partial u}{\partial x^s} = 0, \frac{\partial u}{\partial z^d} = 0$,得到最优解:

$$x^s = 1 - b, z^d = \frac{(1-b)p_x}{p_z}, U_2 = \frac{k_2(1-b)p_x}{p_z} \tag{3-14}$$

(3)分工均衡：根据效用均衡等化条件 $U_1 = U_2$，解出 B($z/x$)及 B($x/z$)两种分工均衡状态下最终产品和中间产品的相对价格：

$$\frac{p_x}{p_z} = \frac{(1+\beta)^{\beta} {t_2}^{\beta} (1-b)^{\beta}}{{k_2}^{1-\beta}} \tag{3-15}$$

将上式代入 $xd$ 表达式，则得到在此状态下分工均衡时，中间产品 $x$ 的购买量为：

$$x^d = \frac{1-b}{1-\beta} k_2 t_2 \beta^{\frac{1}{1-\beta}} \tag{3-16}$$

C 结构下的最终效用水平为：

$$U_C = (1-b)^{\beta+1} {k_2}^{\beta} (1+\beta)^{\beta} {t_2}^{\beta} \tag{3-17}$$

**三、最优解的分析**

1. 从不同分工的均衡效用比较可以看出：

自给自足的情况下，最终效用为 $U_A = \frac{(1-2b)^{\beta+1}\beta^{\beta}}{(\beta+1)^{\beta+1}}$，有分工的情况下，最终效用为：$U = (1-b)^{\beta+1} k^{\beta} (1+\beta)^{\beta} t^{\beta}$。$\frac{U}{U_A} = (kt)^{\beta}(\frac{1-b}{1-2b})^{\beta+1}(\frac{1+\beta}{\beta})^{\beta}(\beta+1)^{\beta+1}$在自给自足情况下，个体既要生产 $x$ 又要生产 $z$，其学习成本大大高于有分工状态。从 $U/U_A$ 值可以看出，$(\frac{1-b}{1-2b})^{\beta+1}(\frac{1+\beta}{\beta})^{\beta}(\beta+1)^{\beta+1} > 1$，因此只要中间品和最终产品的交易效率 $t$、$k$ 提高到一定程度，分工的均衡效用 $U$ 就会大于自给自足的效用 $U_A$。

所以可以得出**推论** 1：

随着外界制度环境的变化，交易效率的改进增加了劳动分工和专业化的收益，提高了个体的自身效用。因而不断提高的交易效率更有利于交易结构朝着高度分工的经济转变。

由前文分析我们知道，网络经济下，互联网技术可以再多个方面和层次上提高产品与交易品的交易效率，即 $k_2 > k_1$，$t_2 > t_1$，因此网络经济下的个体在分工与专业化均衡时的效用 $U_C$ 要大于与传统经济环境下的 $U_B$，这样网络经济下的企业个体有更大的动力与意愿选择将有限的资源投入在更有竞争力的环节上，以获得效益最大化。因此，中间产品的分离和专业化水平的加深在网络经济环境下更为常见。

2. 不同经济环境下分工状态比较：

我们比较在两种不同的外部经济环境中，中间产品交易量的差异。在传统环境下，购买中间产品 $X$ 的量为：$x^d=\dfrac{1-b}{1-\beta}k_1t_1\beta^{\frac{1}{1-\beta}}$。在网络经济环境下，购买中间产品 $X$ 的量为：$x^d=\dfrac{1-b}{1-\beta}k_2t_2\beta^{\frac{1}{1-\beta}}$。中间产品购买量与交易效率大小成正比。通过前文分析，互联网环境下中间产品及最终产品的交易均更有效率，其交易效率 $t_2$、$k_2$ 要大于传统经济环境下的 $t_1$、$k_1$，因此 $x^d$ 变大。

所以我们得出**推论 2**：

中间产品的交易量与中间产品的交易效率及最终品的交易效率呈正相关，因此在网络经济条件下中间产品的交易量要大于传统经济条件下的交易量。

对中间产品的采购量增大说明企业更依赖于通过市场获得中间产品，现实商业环境中企业的表现就是越来越多地将一些非核心或者辅助性业务外包给专业服务提供商，利用他们的专长和优势来提高企业的整体效率和竞争力，获取量的多少与交易效率，交易成本密切相关。这样，随着中间品和最终品交易效率的提高，企业则更关注于其核心流程，核心业务，提高企业自身专业化水平。外包将一个企业内部分工转变成不同企业之间的专业化分工，当企业间交易的成本逐渐降低，小于在企业内部生产的成本时，企业自然会打破现有边界，将交易放到公开市场上来，即采用外包策略。

3. 不同经济环境中，中间产品 $x$ 与最终产品 $z$ 的价格比较：

在传统经济中，达到分工均衡状态时，

$$\frac{p_x}{p_z}=\frac{(1+\beta)^{\beta}t_1{}^{\beta}(1-b)^{\beta}}{k_1{}^{1-\beta}}$$

在网络经济中，达到分工均衡状态时，两者价格比为：

$$\frac{p_x}{p_z}=\frac{(1+\beta)^{\beta}t_2{}^{\beta}(1-b)^{\beta}}{k_2{}^{1-\beta}}$$

$\frac{\partial \frac{p_x}{p_z}}{\partial t}\geqslant 0$，说明中间产品 $x$ 与最终产品 $z$ 的价格比随中间产品交易效率 $t$ 的提高而提高。网络经济环境下中间产品 $x$ 的交易效率 $t_2$ 要大于传统经济环境下中间产品 $x$ 的交易效率 $t_1$，因此 $p_x$ 与 $p_z$ 的价格比有变大的趋势。$\frac{\partial \frac{p_x}{p_z}}{\partial t}\leqslant 0$，说明中间产品 $x$ 与最终产品 $z$ 的价格比随最终产品交易效率 $k$ 的提高而下降。在网络经济环境中，最终产品 $z$ 的交易效率 $k_2$ 也大于传统经济环境下的交易效率 $k_1$，因此，$p_x$ 与 $p_z$ 的价格比有变小的趋势。所以，$p_x$ 与 $p_z$ 的价格比变动方向不定，当中间品交易效率提高更多时候，$p_x$ 与 $p_z$ 的价格比会出现变大趋势，而当最终品交易效率提高更多时则相反。

所以，我们得到**推论 3**：

只有当中间产品 $x$ 的交易效率提高大于最终产品 $z$ 的交易效率时，企业会更有积极性参与到提供中间产品的生产活动中来，也意味着会有更多的企业参与到生产中间产品 $x$ 的分工中去。

中间产品的交易效率与最终产品的交易效率相比，其影响因素除了共同的因素如：所处的外部制度与环境、基础设施等条件以外，还与中间产品本身特性相关。如果中间产品是复杂度低的标准化产品，则通过市场进行交易所花费的成本要远低于高复杂度、定制化产品的交易费用。

另外，如果企业进行模块化生产，最终产品可以分解成多个有着标准化接口的子模块即中间产品/环节，标准化的界面和接口就是企业与外界信息交换和沟通的桥梁，这可以屏蔽中间产品的内部知识，降低不同分工之间的知识关联，从而降低产品的交易成本，有效提高交易效率。

4. 在最终分工均衡状态时，传统经济与网络经济环境下真实的效用水平为：

$$U=(1-b)^{\beta+1}k^{\beta}(1+\beta)^{\beta}t^{\beta}$$

$\frac{\partial U}{\partial t}\geqslant 0$，说明通过提高中间产品的交易效率可以提高最终产品的真实效用水平。$\frac{\partial U}{\partial k}\geqslant 0$，说明通过提高最终产品的交易效率可以提高最终产品的真实效用水平。在网络经济条件下，中间产品和最终产品的交易效率也较高，最终参与分工的个体的真实效用水平也较高。另外，$\frac{\partial U}{\partial b}\leqslant 0$，说明如果降低中间产品生产的学习成本也可以提高参与分工个体的真实效用水平。

### 3.2.3 网络经济下分工与专业化演进

由3.2.2分析可以看出，网络经济的技术基础——计算机和计算机网络技术通过促进交易技术、交易方式的进步降低了交易费用，提高了研发和生产活动进一步专业化的潜在经济性。现代互联网络信息技术从生产和交易两方面打破了现有的分工好处与交易费用之间的均衡，分工和专业化的演进得到一个极大的推动力。目前，分工和专业化加速演进的趋势还在继续，在网络经济内部这种趋势尤为明显，当然它会逐渐减慢，直到遇到另一个的重大的技术创新。分工和专业化的演进几乎是一直在进行的，但互联网络信息技术无疑大大地推进了分工与专业化自身的发展，也促进了组织社会分工与协作的形式的变化。

(一)网络经济中社会分工和协作的组织形式更多地由企业向市场转化

社会分工与协作的组织形式主要为两种:市场或者企业,二者在组织社会生产方面是可以相互替代的。一个社会、一个产业部门采取何种形式组织生产主要取决于现有社会分工水平下各种生产要素和大量中间品在两种组织形式下交易效率的相对高低。

在人类历史的发展长河中,当社会分工和专业化有了一定程度的发展,但还不是十分精细的时候,由于受到交通运输和通信条件的限制,各种形式中间产品市场交易费用较高,而生产的组织管理工作比较简单,企业便将各种原材料、零配件甚至生产工具的生产都组织在企业内部进行,有些企业甚至将后勤服务工作也内部化,企业纵向一体化的发展趋势逐渐增强,企业规模的扩大常伴随业务种类的增加。随着网络信息技术导致的交易技术和交易方式的巨大进步,市场范围和交易效率都提高了,各种原材料、中间产品和简单脑力劳动的市场交易效率都提高了,而同时由于社会分工的深化,原材料、中间产品以及生产工具的种类和数量都大大增加,生产迂回程度也增加了,生产的组织管理工作变得异常复杂,组织管理费用呈指数上升。在这种情况下,社会分工会逐渐从企业的内部向企业外部转移,企业将会将大量的后勤与辅助性服务工作,原材料、零配件和生产工具的生产全部外包出去,自己只专业化于核心业务,提高核心业务的规模和竞争力,企业的发展呈现逆纵向一体化的趋势。企业规模的扩大往往只是单一生产活动规模的扩大,业务范围并不增加。因此,网络经济中社会分工和协作将更多地依靠市场进行组织。

(二)网络经济中,分工与专业化的快速发展是以产业链的细化、社会分工的全球化和脑力劳动分工与专业化的发展为特征

网络经济中产业链的细化和增长达到了前所未有的程度。对所有产业来说,生产活动被进一步分解为更多更细的基本操作,生产也更加

迂回,产业链增长。IT产业尤为突出。比如,一台计算机的生产可分解为集成电路、元气件的生产,板卡的生产和整机的组装等专业生产环节。而集成电路的生产又可分为集成电路设计、制造、封装和测试四个专业化生产环节,而且每个环节还可以再细分。同时,在进行集成电路的制造、封装和测试之前,还有大量的专用设备和仪器需要生产,而生产这些专用仪器和设备又需要生产基本的专业工具和设备,生产的迂回程度随着产品的专业化程度和复杂程度的加深而日益提高。

网络经济中专业化程度提高的另一个特征就是分工和协作的全球化。十年以前,大多数产业中单一产品生产的分工一般是在同一个生产地点、同一个地区不同生产地点以及同一国家不同的地区之间进行的。网络经济条件下,各行各业的分工与协作的地理范围都向前迈进了一大步,特别是IT产业和许多知识密集度高、规模效益显著的产业,都呈现出单一产品生产的全球分工趋势:比如,生产一片小小的集成电路芯片,可能在美国进行集成电路设计,以色列提供硅材料,台湾进行芯片制造,而芯片的封装、测试可能是在菲律宾、新加坡进行,芯片生产的垂直分工涉及多个国家。

当然更不用说,计算机、汽车等有上万种零配件组成的大型整机,其生产和分工合作可能在十几个国家之间进行。更为重要的特征是,现代网络信息技术使脑力劳动的专业化和分工程度大大加深了。比较典型的表现是脑力劳动日益从生产活动中分离出来、脑力劳动内部分工和专业化程度加深以及脑力劳动的分工和协作的国际化。过去,技术研发和产品设计等脑力劳动与生产企业的一般产品生产活动结合在一起,最终以物质产品的形式进入市场参与交换。但现代信息技术使绝大多数脑力劳动都可以独立面对市场,在市场上直接交换脑力劳动成果,脑力劳动的独立分工变得更加普遍。同时,现在每个科技人员、每个研发小组甚至一个国家某一领域的研发活动越来越集中于在一个更为狭窄的专业范围和方向,研究的深度提高了。与之相适应,大型研发项目的合作也由个人、团队向多个研究机构甚至是多个国家发展。特别是在一些非常重大的项目如人类基因工程、航空航天技术、艾滋病研究以及各种通信技术和网络技术的研发中,这一趋势更加明显。

(三)模块化生产是网络经济下分工的重要形式

网络经济时代,几乎所有企业组织的运作都离不开网络信息技术。以电子学为基础的信息技术的进步,特别是计算机与网络信息技术的发展为模块化生产方式奠定了技术基础。计算机及网络技术的应用是实现模块化设计必不可少的手段,建立在网络信息技术基础上的模块化设计、生产技术将成为未来的主要生产方式,模块化分工与生产随着互联网络应用范围的扩大而扩大。

而网络经济下分工程度的加深,专业化水平不断提高,也为模块化生产的出现提供了前提条件,模块化生产的出现也在技术上保证了分工进一步深化的可能性。越来越多的企业改变原先独立进行研发、生产、流通、销售的生产方式,建立关系复杂而又紧密的分工网络,通过模块化分工来实现共赢。在网络经济环境下,企业原先的垂直一体化向垂直解体化发展已经成为必然趋势[1],而模块化生产组织形式被认为是最为理想的选择,譬如,Baldwin 和 Clark(1997)[2]认为模块化是一种有效组织复杂产品和过程的战略,并变得越来越重要;杨志勇(2000)[3]指出为了适应网络经济发展的需要,传统企业应迅速地为自己在模块化制造网络中寻找到合适的位置,模块化生产将在网络经济中居于非常重要的位置。

## 3.3 网络经济下的模块化生产与组织

随着计算机信息和科技的迅速发展,网络经济作为一种以信息网络

[1] 李晓华.产业组织的垂直解体与网络化[J].中国工业经济,2005(7).

[2] Baldwin, Carliss Y., Kim B. Clark. Managing in An Age of Modularity. Harvard Business Review, 1997(5):75-96.

[3] 杨志勇.网络经济时代我国企业的变革[J].中国工业经济,2000(6).

为基础平台、信息技术与信息资源为特征、信息与知识起重大作用的经济活动,正慢慢影响着人与人之间、工作与工作之间、组织与组织之间的关系,进而对整个产业结构产生不可逆转的影响。与传统经济相比而言,网络经济下的消费需求呈现出个性化、多样化的发展趋势,同时企业之间更为密切的相互联系增加了它们之间的专业化分工和进行合作的可能性,模块化这一新型生产方式越来越被企业所重视。

### 3.3.1 模块化分工

模块化就是在劳动分工和知识分工的基础上,通过模块分解和模块集中的过程,把复杂系统分解为相互独立的组成部分,再通过即插即用的接口把各独立的部分联结为一个完整的系统。模块化的设计概念早在20世纪初就应用于机械设计领域,由于当时技术和新材料的限制,模块化技术一直没有成为生产活动中的主导技术。1964年,IBM公司采用模块化设计的原理,生产出第一台模块型电脑。信息技术的发展使模块化技术成为新的主导技术。模块化设计在信息技术的平台上成为设计的主要趋势,运用编码化知识把设计信息进行0和1的分类处理,通过把系统分为“看得见的设计规则”与“隐形的设计规则”来实现产品设计的模块化和生产的模块化。

青木昌彦(2003)阐述了模块化分工的基本特征:一是模块本身可以是复杂的系统;二是不同模块之间的连接规则是进化的;三是模块的“包裹化”有利于整体系统的改进和创新。模块化不仅是和分工经济相联系的经济现象,而且是产业分工的产物,是更先进的社会生产力水平和更高的人类物质生活需求层次上的高级分工形式。

亚当·斯密所提出的劳动分工和专业化思想,是市场法则的支柱和经济学、管理学的基石。对于单体而言,专业化分工越细效率越高;但对于社会来说,分工越细而引发的交易费用越高。模块化来源于生产实践中并被实践所检验,随着实践的积累,模块化不断推广、深化和完善,人们逐渐认识到模块化不仅仅限于单个企业内部，当多个企业按照模块分工进行合作时，模块化就成为追求创新效率和节约交易费用的分工形式（李靖华，2007）[1]。

模块化分工包含以下三层含义：

第一，系统中的模块被独立的设计和生产，模块设计的独立性是模块化分工的主要优势。将复杂系统分解成模块意味着它们可以独立地进行设计、生产，而不需要考虑其他模块，这种“独立性”正好可以充分发挥生产不同模块团队的创作性。这些团队自有的工作，不仅独享模块化结构中的隐藏信息，而且进一步创造更多有价值的隐藏信息。

第二，各模块之间协调良好的运行。尽管各模块单独设计生产，但由于接受可见设计规则的约束，因而可以在共同遵守的系统规则的协调下进行工作。

第三，由于可见设计规则的确定性和可扩展性，“系统可以运行相同的软件，可以添加新的模块，旧的系统升级可以不必替换原有的程序……”，这意味着模块化分工条件下，存在共同的标准信息界面，在这一标准界面下，新模块可以和原先的模块一起协调配合工作，并且设计规则本身应该是可扩展和延续的。

进入20世纪90年代以来，随着信息技术的不断创新和发展，模块化的理念和方法逐渐引入企业的生产和管理，进而成为推动产业结构调整和升级的革命性力量。模块化分工是以功能划分为标准的，其可以超越前后关系，把完成同一功能系列工序结合起来构成“功能模块”（朱瑞博，2003）形成子模块之间平行式的立体网络状关系。与传统分工不同，模块化分工已经从线性的生产工序、生产工艺的分工发展演变为立体的或平面的网络功能分工。不同模块之间基于功能性形成分工，进而构成企业间网络状的关联结构。

[1] 李靖华. 模块化的多学科方法论思考[J]. 科研管理，2007（2）.

### 3.3.2 从模块化技术到模块化组织

威廉姆森(1985)从交易角度分析资产专用性,认为资产专用性是决定组织边界的关键因素。对一个生产者来说,“交易之所以成为交易,最关键的条件就在于资产专用性。”专用性资产决定组织形式在于生产者对它的独有性。

**一、模块化技术与资产专用性**

资产专用性是指在不牺牲生产价值的条件下,资产可用于不同用途和由不同使用者使用的程度。资产专用性的技术特征是协同专用性,它植根于垂直一体化企业。模块化技术具有协同非专用性的特征(Juliana Hsuan Mikkola,2003),这使得模块之间是可替代或可互换的,削弱了协同专用性,也就降低了资产专用性。

协同非专用性使模块功能与结构的对应关系发生了变化:一种功能可以有多种模块,一个产品可以与多个零部件协同。它也使模块与产品之间的关系发生了变化:一种模块可以用于多种产品,与多种产品协同。协同非专用性不是指非专业化,而是指在可替代性的支配下,某个专业化的功能并非为一个零部件所独有。利用模块的可替代性能够组合出性能不同的产品,模块化产品的个性化程度更高。模块化产品结构,以及它的设计过程和加工制造过程,都是可分的,原来包含在一个完整产品中的部件独立为不同的模块,可以当做独立的商品送到市场上。按模块化的“整体可分解”原理,企业所从事的设计、生产、营销和零售等各自独立的行为可以分解为各自不同的模块。产品设计开发可以由集中变为分散,加工制造可以平行进行,设计开发与加工制造可以分开。外包成为必然趋势,企业运用的资源超出了企业的边界。

**二、模块化技术与交易成本**

模块分解以后,降低了产品的复杂性并提高了子模块的独立性,各个模块可以独立自主地开展工作。模块主导企业仍是设计者的角色,负责制定标准来协调模块供应商之间的联系，并把“可见信息”发出，并在整个市场共享。因此，相比较于以前的一体化结构来说，模块化的生产方式使企业间的信息交流更为顺畅。另外，企业间的横向分工和合作的数量也不断增大。尤其像计算机行业，各个硬件制造商之间不断地交流信息，提高了对市场的反应能力，信息流通比较顺畅，形成了柔性的生产结构。

模块主导企业通过制定“可见信息”，改善了信息不对称，不仅能及时了解市场的变化，而且能廉价地获得商品和便捷地与各模块企业进行沟通。因此，模块化的生产方式加强了企业间的横向沟通，通过主导企业制定的“可见信息”避免了信息不对称，为各个模块企业降低了信息的搜寻费用。

在模块化的生产模式下，各个模块企业在“可见信息”下进行产品模块创新，在市场环境不断变化时，各个模块企业会不断地把信息反馈给模块设计商，模块设计商根据信息，不断地修改“可见信息”，然后把修改后的可见信息持续地传递给各个模块供应商。因此，在模块化的组织结构下，各个模块供应商主要与模块设计商沟通，减少了在市场上的信息收集成本，对市场的反应速度较快，也在一定程度上降低了企业的交易费用。

**三、从模块化技术到模块化组织**

随着产品设计和生产的模块化，企业组织也出现了模块化倾向，产生了模块化组织，因为模块化产品的制造要通过模块化组织完成。

在模块化组织中，生产不再仅仅由一个企业来独立完成，而是由网络组织中的成员企业跨越各自边界来共同完成一项生产职能。这种松散的组织形式允许组织中的各个组成部分（成员企业）根据需要弹性地组合成各种结构形式，就如一个模块化的产品系统允许其子系统（产品部件）按照一定的规则集成各种形式的产品结构一样。模块化组织拆分成各个组成单元（或成员企业）或将各个组成单元集合成一个共同组织的行为称之为“企业组织的模块化”（Sanchez & Mahoney，1996）。

# 第四章 企业组织结构及专业化变迁的实证分析

前面两章我们对网络经济下企业内部组织结构变化及专业化分工等方面进行了理论的推演分析,得出了一些结论,但是这些结论是否存在条件限制,对不同企业是否普遍适用还需要通过实证分析来加以验证。如上文所述,我们知道网络经济下,互联网络和通信技术对企业有着深远的影响(Afuah and Tucci,2003)[1],但是在企业层面上这方面的实证研究还非常的少,尤其是在使用一手数据进行的实证研究方面,国内鲜有文献涉及。以往的实证研究中,大多数采用的是二手数据,但是二手数据最大的问题在于数据采集并不是为了该项研究目的,可能存在所收集到的数据与研究变量之间不完全匹配的问题。

国外的实证研究中,Peter J. Brews 和 Christopher L. Tucci(2004)[2]采用问卷调查的方式对469家企业进行了研究,试在企业层面进行的网络信息技术应用的实证分析。作者首次开发了"网络互联深度"这一变量的量表,并对量表进行了检验。

本章的研究主要通过设计调研问卷的实证方法研究中国特定的经济和

[1] Afuah A,Tucci CL. A model of the Internet as Creative Destroyer,Transactions on Engineering Management 2003a. ,50(4):395 -402.

[2] Peter J. Brews and Christopher L. Tucci,Exploring the Structural Effects of Internetworking,Strategic Management Journal,2004,25:429 -451.

文化背景下的企业应用互联网络程度对企业组织变动的影响。

## 4.1 假设的提出

通过前文分析,我们认为网络经济下,企业组织的中间层级数将会减少,组织结构将趋于扁平化,从分工与专业化角度我们认为网络经济环境下,互联网络技术应用将会促进分工与专业化,最终提高企业的专业化水平。而以往的学者因为分析的角度与侧重不同,得出的研究结果并不一致,甚至存在截然相反的结论,因此我们需要从实证分析中寻找答案。

以下我们将在以往学者的研究成果基础上提取出具有对立观点的假设并对其进行检验,以发现在中国的背景下,网络信息技术对企业组织的影响是否存在共同的趋势。

**一、企业互联网络的应用降低企业外部合作成本,降低了企业扩张带来的边际收益**

已经有很多学者解释了信息技术是如何影响交易成本以及信息技术如何影响组织的存在形式。作为信息技术的核心,网络信息技术使得信息传递更加有效率、更广泛和更透明,基于互联网的通信不可避免地降低了交易成本。比如,互联网降低了在市场上搜寻供应商或者客户的成本,以及降低了发现产品和服务的成本。因此,我们可以认为网络互联降低了外部合作成本,降低了扩张带来的边际收益。

以前的研究表明,企业会在无法通过交易获得战略性资产,或者在存在潜在的高交易成本风险时候,比较倾向于选择扩张[1](Markides,2001;Williamson,1975;Teece,1982)。企业的存在是为了最小化生产和交易成本,当企业内部的某些活动成本要高于从市场上获得的成本时,这些活动将会从

---

[1] Markides CC, Corporate strategy: the role of the center. In Handbook of Strategy and Management, Pettigrew A, Thomas H, Whittington R (eds). Sage:Thousand Oaks, CA; . 2001a, 98 - 112.

企业中消失。(Williamson,1985;Malone,Yate,and Benjamin,1987)。

在资产专用性方面,马龙(Malone,1987)认为,信息技术在制造技术方面的应用,增加了制造技术的弹性,能够使企业迅速改变生产流程和工艺,降低了资产专用性。以计算机技术为代表的信息处理技术和以网络为代表的通信技术为基础的各类计算机辅助技术飞速发展,并应用在企业的生产中,如:柔性制造系统(FMS)、计算机集成制造系统(CIMS)和敏捷制造(AM)等的发展日趋成熟,将高柔性、高质量、高自动化、高效率结合在一起,从而缩短了产品的生产周期,使企业能够根据市场需求和外部环境的变化及时调整产品结构和类型,增强了企业的灵活性和应变能力,从而降低了资产专用性。

作为一个公开的、低价的、标准的通信媒介,互联网的信息披露速度和扩散能力可以在很大程度上抑制机会主义行为,降低企业的监控和合约的实施成本。如果合约签订者的信誉(比如,历史交易以及其他与之交易的相关方的满意程度)可以在公开市场上获得,那么想通过说谎、欺骗以及其他隐蔽手段获得利益的可能性将会大大降低(Afuah,2003)。互联网络可以为信誉的提供可获得的途径和平台,比如 ebay,taobao 网等都有评分系统,允许交易双方在交易后对本次交易进行评价。由于每笔交易都有记录,虽然存在匿名评价,但是整套记录是常年累积而成,造假成本很高也导致具有较高可信度。另外 ebay,taobao 等网络还运用一系列措施来确认交易双方身份,可以被视为第三方机构,充当信誉证人,作为专业的第三方平台,为了维护自身的信誉提升平台吸引力,因此也存在内在动力,不断地探索新的机制和方法来降低交易双方的信用风险。

另外,监控和实施成本也会随着网络互联应用的加深而降低。因为互联网可以降低通过市场进行交易的成本,随着网络信息技术应用的深入,企业逐渐转向基于市场的合作。网络的应用降低了签订合同的成本,公司更容易与外界的供应商达成协议,由他们提供以前在企业内部完成的一些非核心的、日常的、一般的活动。更专业化和更具有规模经济效应使得外包公司进行这些活动时比企业内部更有效率，这样企业就可以更专注于他们的核心业务，即那些不能外包的流程，尽力保持竞争优势。这样，我们提出以下假设：

H1a：企业互联网络应用加深将带来业务范围的收缩，以及专业化程度的提高。

随着企业业务范围变窄，专业化程度提高，非核心业务剥离以及外包逐渐出现，企业的外部合作者开始增多。Ciborra(2000)[1]认为企业信息系统的一个重要角色就是作为技术中介，能为企业提供一种标准化的手段，通过信息系统，使交换过程更加标准化，各方的行为以及合约本身能够得到更好的监督。毫无疑问，面向互联网络的企业信息化系统为业务外包提供了更便捷和更标准的平台，有助于形成更密切的合作关系(Brews，2000；Miles et al.，1997)。我们提出第二个假设：

H1b：企业互联网络应用加深与外部合作的上升相关联。

网络信息技术可以提高领导对下属活动情况的知晓能力，使得组织对个体绩效的评估能力大大增强，因此降低了组织内部的不确定性以及对等级制度的需求(Ciborra，1993；Olson，1981)。随着网络信息技术的应用，扁平化的层级结构开始出现[2](Cordella and Simon，1999)。Huber(1994)认为，先进信息技术的应用会带来信息处理能力和效率的提高，从而降低中间管理层的人数。一些信息系统的研究者也得出了相似的结论，考虑到网络信息技术对内部层级结构的影响，组织将会从集中式组织结构向扁平式和分布式网络转变。[3] (Winter and Taylor，1996；Hagel and Singer，1999)，或者从多层级的结构向少层级转变(Snow，Miles，and Coleman，1992)。内部协作和交易成本的降低将降低企业内部的层级结构，第三个假设为：

---

[1] Ciborra CU，Teams，Markets，and Systems. Cambridge University Press：Cambridge，U. K，2000.

[2] Cordella A，Simon KA.，The impact of IT on coordination cost：implications of increasing complexity，1999.

[3] Hagel J.，Singer M.，Unbundling the corporation. Harvard Business Review，1999，77(2)：133 – 141.

H1c:企业互联网络应用加深与内部层级结构下降相关联。

## 二、企业互联网络应用降低企业内部协作成本,也降低了企业扩张带来的边际成本

以上假设 1a ~ c 认为,网络互联将会使得企业范围缩减,更倾向于通过市场进行交易,有更多的外部合作伙伴,同时内部企业层级降低,趋向扁平化组织结构。然而,理论界还存在相反的观点,认为网络信息技术对企业的边界以及结构并不是单一的影响❶(Markides,2001)。网络信息技术可通过降低搜索和外部协作成本来降低企业业务范围扩张边际收益的同时,也在降低企业范围扩张的边际成本。网络信息技术的应用,可以使得企业内部的协作成本降低,能够极大程度地改善因为官僚、企业内部层级过多导致的信息失真或丢失现象。Markides(2001)认为当内部协作成本过高或者因为官僚导致信息丢失严重时,企业不应该选择扩张,而当这些成本降低时,扩张是可行的。通过互联网络,企业的核心部门之间的沟通变得更加容易、更便捷和更可信赖(Markides,2001;Afuah,2003;Afuah and Tucci,2003;Staudenmayer,Tripsas and Tucci,2000;),企业扩张的边际成本在下降,这样企业范围扩张变得可行。由此,以下假设是可以成立的:

H2a:企业互联网络应用加深与扩张业务范围,企业的专业化程度降低相关联。

企业业务范围缩减,专业化程度上升,将会带来外部合作的上升(参见假设 1b)。理论上来说,业务范围扩张,专业化程度下降,将会带来外部合作的下降。因此,可以引出下面的假设:

H2b:企业互联网络应用加深与外部合作的削弱相关联。

层级的存在可以潜在降低不确定性,但是带来了信息的损失和失真,影响了信息的有效处理(Blau and Meyer,1971)。管理者需要花费时间来筛选

❶ Markides CC., Corporate strategy and the Internet. Presentation at the Academy of Management Annual Meeting, Washington, DC, August, 2001b.

信息，从而限制了管理的幅度（Mackenzie，1978）。基于互联网的通信能够带来更少的信息失真和扭曲（Staudenmayer et al. ，2000），很多信息可以自动传输，而不需要人工的介入。Robbins（1990）认为，当管理人员能直接获得数据时，他们可以管理更多的下属。因此，内部协作成本降低在加深内部层级的同时并不会降低控制范围[1]。由此引出：

H2c：企业互联网络应用加深与内部层级结构加深相关联。

## 4.2 研究方法

在已有的研究中，大多数实证数据来源于二手数据，本章所采取的是调研研究方法（Survey），属于经验研究（Empirical）类型。在IS领域的期刊上，尤其是行为学派为主流的国际期刊上，调研研究占据了相当大的比重。调研研究最大的优势是根据研究目的设计调研问卷，在目标领域内收集经验数据，对现象进行概括（Pinsonneault，1993）。

本章节研究的主要目的是通过调研研究，进一步检验根据前人理论推演出的假设是否成立，以探寻网络信息技术应用与企业组织变更与外部合作之间的关联。

本文的问卷都是由英文版本翻译而成，为了确保翻译的质量，本研究运用了传统的翻译和回译程序（Translation and Back-translation）（Brislin，1980）。英文版问卷先由作者从英文翻译为中文，请另一位博士生由中文回译为英文，然后检验其中的差别，并做相应的修正，最后定稿，完成问卷的翻译。

### 4.2.1 变量的定义与测量

本研究的自变量为企业网络互联的应用深度，三个因变量为业务范围/

[1] Robbins SP. ，Organization Theory，Prentice－Hall：Englewood Cliffs，NJ. ，1990.

专业化程度、层级降低和外部合作。研究中，我们控制五个对因变量有影响的其他变量，分别为应用互联网络的时间、企业规模、公司全球化程度、公司整体业绩以及公司网络互联营运层绩效。

1. **自变量：网络互联应用深度（ID）**

（1）范畴界定

本文关注的企业网络互联应用的深度包括企业与客户之间、企业与供应商合作伙伴之间以及企业内部员工的互联网应用情况，目的是明确企业与所有利益相关者（客户、员工、供应商、合作伙伴）的在线互动范围。网络信息传输可以用"可获取程度"和"富裕度"来衡量，"可获取程度"是与人们交换信息的人数和密度相关，富裕度则和信息交换的总量以及客户化程度及互动程度相关。本文中，网络互联深度测量雇员、客户、供应商、合作伙伴的在线通信和交易的范围，既包括获得度也包括富裕度。

（2）测量

以前的研究大多数是依靠二手的金融或者经济数据来获得信息技术实践或者使用的数据。然而，这样的数据对于想准确衡量企业应用的可获得程度以及富裕程度来说，显得有些笼统和粗糙。我们希望直接从企业的管理者那里来弄明白在企业的实际运作中，网络互联应用范围到底是怎样的。

在本章的研究中，互联网络应用深度变量的测量量表来源于 Brews 和 Tucci（2004 年），其量表含义与我们的研究内容相符，并且可靠度较高（Cronbach's Alpha = 0.92）[1]包括 7 题 Guttman 式的量表问题[2]，和 26 个是非性陈述题。（见附录）

第 1 ~4 题用来测量网络信息的可获得性。每一题中应用程度随着选项标号的增加而增加。第 5 ~7 题以及 26 个是非性陈述题用来测量信息交流的富裕程度。调查问卷中涉及的所有活动在 Cisco 公司都能在线实现，这

---

[1] Cronbach's Alpha 值用来衡量潜变量的信度，可接受的最小临界值为 0.7。

[2] Guttman LA. , A basis for scaling qualitative data. American Sociological Review, 1944, 9: 139 - 150.

样就可以和公认的互联网络应用最好的公司之间进行比较。第1~7题以及26个条目的得分总和就是每一个被调查企业的因特网应用深度的得分。Cisco中国是所有的得分中最高的企业,第1~8题中得到58分。

**2. 因变量**

因变量主要有以下三个变量:业务范围/专业化(BS);外部合作(EP)以及层级降低(HR)。问卷中有6个问题来衡量企业在业务范围/专业化、层级降低以及外部合作方面的变化。此部分问卷采用1~5级的Likert量表,"1"表示强烈不同意,"5"表示强烈同意,被调查者根据企业实际情况进行选择。第一个和最后一个问题是测量企业业务范围和专业化水平。如果强烈同意则代表这个企业业务范围在缩减,专业化程度在加深,非核心的流程在外包,一些低附加值的工作在逐渐消失。第三题和第四题是关于内部层级影响的。强烈同意代表着在管理层级上及官僚作风有显著的降低。第二题和第五题目是测量外部合作和联盟行为的。强烈同意代表着企业与之前相比,有更多的外部战略合作伙伴或联盟或者合资等行为,同时,公司合并、并购、出售等行为都显著上升。

**3. 控制变量**

(1)互联网络应用时间(IDT)

互联网络应用时间主要是指多久之前企业运营中开始应用基于互联网的解决方案,互联网应用时间越长,那么应用会越广泛和越深入,学习曲线效应也开始出现。当这些活动持续的发生,我们认为随着组织学习,企业的网络互联深度在加深(Levitt and March,1988)。因此,互联网络应用深度一般和应用时间是有强烈的正相关关系。以前关于应用时间的检验中,Bracker和Pearson(1986)将样本公司分为两个部分,应用时间大于5年和小于5年的。Brews和Hunt(1999)将分割点改为4年。在2004年,Brews和Tucci将时间间隔进一步缩短,分为七大类,从少于1年到大于10年。

(2)企业规模(FS)

Attewell和Rule(1984)年认为企业规模可能对企业信息技术应用带来

不同的影响结果有解释作用。Varian(2001)发现,尽管调查的所有组织都采纳了互联网业务解决方案,但是有5000人或以上规模的公司明显有更高的采纳意愿和比例。根据Varian的研究,我们认为企业规模会对企业的网络应用程度有调节作用。也有研究显示,大型的组织有更强的财务支持和人力资源能力来实施新的技术。

当然,企业规模还会影响其他的因变量,比如更大规模的企业与小企业比起来,业务范围会更广,有更多的层级,以及更广泛的外部合作和联盟。因此,当调查组织的业务范围/专业化程度、层级下降以及是否更倾向于外部合作时,需要对企业的规模大小进行控制。

以往的研究主要是用企业员工数量来衡量企业规模,本研究中我们将员工规模分为7个类别。

(3)企业的全球化程度(GR)

基于互联网的网络可以不间断地实时在全球范围内提供服务,全球化的公司会比本地化的公司有更强烈的倾向应用互联网络,通过投资来扩展企业的互联网上的业务,如在线销售或者在线服务等,进行在线交易(Bruns,2000)。在多个国家有业务的公司以及知名的大品牌公司同样也会比本地化公司更倾向于投放基于Web的广告,有大量的数据显示,全球化的公司从互联网应用中获益颇多[1](Echikson,2001)。因此,企业的全球化程度会影响网络互联的应用深度,并影响企业的组织形式,所以,我们在研究中要控制企业的全球化程度。

(4)企业总体业绩(OP)

以往的研究中有很多客观的和主观的测量企业总体业绩的方法。客观标准包括销售额上升、资产回报率和股票价格等。主观的标准有,由受访者对企业在产业内部排名以及和竞争对手比较等(Pearce et al.,1987;Brews and Hunt,1999),或者受访者对自己企业目前的利润率,增长率,市场份额,

[1] Echikson W.,When oil gets connected. Business Week,2001,December:28-30.

未来发展等的主观感受（Hart and Banbury,1994）。因为我们的样本来源于多行业,没有办法对行业的影响进行控制,也没有比较组的样本,所以,客观的业绩描述是不合适的。根据 Pearce(1987)、Brews 和 Hunt(1999),本文中使用了两个主观的业绩测量的方法。企业总体业绩(Overall Firm Performance,OFP)测量使用的条目来源于 Brews and Hunt(1999)。

(5)网络互联操作层绩效(IOP)

企业的网络互联基础设施的实施效果也会对企业组织结构产生影响,如果实施效果不佳,那么可能对企业组织并不会产生预期影响。测量网络互联操作层的绩效就是为了控制这样的可能性。对网络互联的操作层绩效的测量包括多个方面的问题,首先是受访者对企业网络应用的满意程度的总体评价,其次是网络应用的四个维度的测量,员工能够使用到的公司信息技术或者网络的程度,网络与信息技术能使的企业与客户保持接触的程度,网络与信息技术让企业降低成本开支的程度以及网络与信息技术为企业带来人员减少的程度。

### 4.2.2 数据收集

预调研在南京大学商学院 2008MBA 秋季班学员中进行,采用受访者自填问卷的方式,共发放问卷 75 份,收回有效样卷 68 份,有效回收率为 91%。接下来我们对问卷进行了前测信度和效度检验。结果显示,前测问卷的 KMO 值为 0.905,累计方差解释度为 70.12%,并且通过了 Bartlett's 球形检验($p<0.000$),说明本研究的量表具有较好的内部一致信度和效度。根据预调研的反馈结果,我们发现并删除了 6 个测量条目,并同时对问卷进行了进一步的修订,修改了部分问题的陈述方式,使其通俗易懂,并对问卷的格式做了进一步调整,形成正式问卷。

正式问卷的发放有两个渠道,一个是对南京大学的 MBA 学员进行调查。回收 152 份。另外以 E-mail 和电话沟通后再邮寄的方式向江苏省企业名录中企业进行发放 400 份,回收 99 份,回收率为 24.8%。上述过程在

2009年2月至2009年4月之间完成。

表4－1　样本基本统计特征描述

| 企业所属行业 | 人数(企业数) | 比例(%) | 公司性质 | 人数(企业数) | 比例(%) |
|---|---|---|---|---|---|
| 制造业 | 91 | 40.6 | 国有 | 81 | 36.2 |
| 建筑业 | 8 | 3.6 | 民营 | 72 | 32.1 |
| 交通运输、仓储邮政业 | 28 | 12.5 | 三资 | 65 | 29 |
| 金融业 | 19 | 8.4 | 集体 | 6 | 2.7 |
| 批发零售业 | 7 | 3.1 | 企业雇员规模 | | |
| 贸易业 | 18 | 8.0 | 3000人以上 | 27 | 12.1 |
| 信息传输、计算机服务 | 37 | 16.5 | 1000～2999 | 40 | 17.9 |
| 房地产业 | 5 | 2.23 | 500～999 | 81 | 36.2 |
| 其他行业 | 11 | 4.9 | 200～499 | 47 | 21.0 |
| 公司成立年限 | | | 100～199 | 20 | 8.9 |
| 3～5年 | 38 | 17.0 | 100以下 | 9 | 4.0 |
| 6～10年 | 98 | 43.8 | 填表人级别 | | |
| 10年以上 | 88 | 39.3 | 高层管理人员 | 62 | 27.7 |
| | | | 中层管理人员 | 150 | 67 |
| | | | 其他 | 12 | 5.4 |

本研究样本选取注意了以下几个原则:第一样本对象在所在企业工作必须满1年,其次所在企业成立年限必须在3年及3年以上,主要是考虑避免非本文所关注的一些不确定因素的干扰而影响调查分析的结果。初步检查提出被调查者身份不符合相关要求,企业状况不符合相关要求的问卷,以及剔除存在问题的问卷,实际得到有效问卷224份,占全部回收问卷的89.2%,样本的统计特征见表4－1。

## 4.3 数据分析

### (一)描述性统计分析

表4－2描述了各变量的相关关系,可以看出网络互联应用深度与业务范围/专业化程度呈负相关,网络互联深度与层级下降呈显著正相关,网络

互联深度与外部合作呈显著正相关。

**表 4－2 变量间相关系数矩阵**

| | 网络互联应用深度 ID | 业务范围/专业化 BS | 层级下降 HR | 外部合作 EP | 网络应用时间 IDT | 企业规模 FS | 总体业绩 OFP | 网络运营业绩 IOP | 公司全球化程度 GR |
|---|---|---|---|---|---|---|---|---|---|
| ID | 1 | | | | | | | | |
| BS | -0.21* | 1 | | | | | | | |
| HR | 0.405*** | -0.046 | 1 | | | | | | |
| EP | 0.211* | 0.298 | 0.282 | 1 | | | | | |
| IDT | 0.249** | 0.643*** | -0.560*** | 0.255** | 1 | | | | |
| FS | 0.030 | 0.198* | -0.209* | 0.202* | 0.228* | 1 | | | |
| OFP | 0.044 | 0.199** | -0.113 | 0.027 | 0.037 | 0.069 | 1 | | |
| IOP | 0.070 | 0.281*** | -0.223** | 0.33*** | 0.30** | 0.22* | 0.33*** | 1 | |
| GR | 0.004 | 0.191* | 0.097 | 0.20* | 0.312*** | 0.048 | 0.203* | 0.088 | 1 |

注：* 表示 $p<0.05$，** $p<0.01$，*** 表示 $p<0.001$

### (二)信度与效度检验

为了保证假设检验的有效性，我们对调研数据进行了信度与效度的检验。首先我们使用了 SPSS16.0 软件对总体样本进行了探索性因子分析，并对结构的负荷矩阵进行了正交旋转，结果显示，正式量表的总体 KMO 值为 0.923，累积方差解释度为 70.12%，并通过了 Bartlett's 球形检验($p<0.000$)，所有的 16 个问项共聚成 3 个特征值大于 1 的有效因子，且每个因子的负荷都大于 0.7，可以判断变量测量项目之间具有较好的会聚有效度。其次，我们以总体样本为例，对由 16 个观测变量构成的 3 个潜变量计算其信度系数 Cronbach's Alpha 值，结果显示三个潜变量的 Alpha 系数均明显高于 0.70 这一可接受的最小临界值，表明变量的测量具有较好的信度。最后，我们利用 LISERL8.7 软件进行了验证性因子分析，结果表明各个观测变量在相应的潜变量上的标准化负荷系数均在 0.5 以上，并小于 1，而且因子载荷的 t 值从 7.63～16.88，全部通过 t 检验，在 $p<0.001$ 水平上显著。这说明本研究的各变量具有充分的收敛效度。

表 4-3　潜变量的信度和效度检验结果

| 构念 | 指标 | 标准负荷 | 误差方差 | t 值 | Cronbach's Alpha |
|---|---|---|---|---|---|
| 互联网络应用深度 | ID1 | 0.67 | 0.55 | 10.26*** | 0.92 |
| | ID2 | 0.82 | 0.32 | 12.83*** | |
| | ID3 | 0.85 | 0.23 | 1622*** | |
| | ID4 | 0.87 | 0.25 | 16.36*** | |
| | ID5 | 0.89 | 0.21 | 16.88*** | |
| | ID6 | 0.73 | 0.33 | 10.72*** | |
| | ID7 | 0.72 | 0.32 | 7.63*** | |
| | ID8 | 0.68 | 0.27 | 8.99*** | |
| 总体绩效 | OFP1 | 0.85 | 0.27 | 15.87*** | 0.89 |
| | OFP2 | 0.91 | 0.17 | 17.67*** | |
| | OFP3 | 0.80 | 0.35 | 14.51*** | |
| 网络互联运营层绩效 | IOP1 | 0.86 | 0.26 | 15.54*** | 0.88 |
| | IOP2 | 0.80 | 0.36 | 13.90*** | |
| | IOP3 | 0.81 | 0.35 | 14.14*** | |
| | IOP4 | 0.73 | 0.28 | 10.23*** | |
| | IOP5 | 0.68 | 0.54 | 11.12*** | |

## （三）研究假设的检验

我们使用多元线性回归（最小二乘法）来检验假设。互联网络应用深度为主要解释变量，业务范围/专业化程度、层级下降以及外部合作为被解释变量。

表 4-4　互联网络应用深度影响结果

| | 业务范围/专业化（Model I） | | 外部合作（Model II） | | 层级下降（Model III） | |
|---|---|---|---|---|---|---|
| Dependent variables | $\beta$ | $t$ | $\beta$ | $t$ | $\beta$ | $t$ |
| Constant | 3.18 | 5.34*** | 2.61 | 6.18*** | 4.35 | 10.69*** |
| Independent variable | | | | | | |
| 互联网络应用深度 ID | -0.15 | 2.05* | 0.11 | 2.21* | 0.17 | 2.78** |
| Control variables | | | | | | |
| 网络运营业绩 IOP | -0.19 | -2.82** | 0.12 | 2.43* | 0.31 | 5.37*** |
| 网络应用时间 IDT | -0.11 | -2.18** | -0.10 | -2.01* | -0.12 | -2.42* |

续 表

| 企业规模 FS | 0.03 | 0.81 | 0.23 | 5.23*** | -0.08 | -1.46 |
|---|---|---|---|---|---|---|
| 总体业绩 OFP | -0.13 | -2.23* | 0.08 | 1.51 | -0.03 | -0.72 |
| 公司全球化程度 GR | 0.12 | 2.23* | 0.13 | 2.32* | -0.15 | -2.79** |
| Adjusted $R^2$ | | 0.18 | | 0.16 | | 0.12 |
| F | | 11.48 | | 10.85 | | 9.56 |

*p< =0.05, **p< =0.01, ***p< =0.001

如上表所示,模型 I-III 中,企业网络互联应用深度与业务范围/专业化程度负相关(Model I,$\beta=-0.15$,$p<0.05$),而与其他两个变量外部合作以及层级降低正相关,与层级下降的相关度最强(Model III,$\beta=0.17$,$p<0.01$)。假设 2a,1b,1c 被接受。模型 I 与假设 2a 的一致性要高于假设 1a,模型 II 与假设 1b 的一致性要高于假设 2b,模型 III 与假设 1c 的一致性要高于假设 2c,因此假设 1a,2b,2c 均被拒绝。

控制变量的相互作用也有一些发现。第一,网络运营业绩与三个因变量相关性的方向与网络互联深度与三个因变量相关的方向一致,但显著性均高于后者,显示网络运营绩效与业务范围及其层级下降的关联要强于网络互联深度。第二,企业规模与外部合作有很强的相关性(Model II,$\beta=0.23$,$p<0.001$)。第三,总体业绩与业务范围/专业化呈负相关,(Model I,$p<0.05$)。第四,企业的全球化程度和三个被解释变量都有相关性,与层级下降的负相关性最强,(Model III $p<0.05$),与业务范围缩小,外部合作呈弱正相关。

## 4.4 研究结论

本研究的主要理论贡献在于验证了企业网络互联深度对企业业务范围、对外合作以及层级降低的作用,具体而言包括以下几个方面:

**一、企业互联网络应用深度与专业化程度显著负相关**

数据分析显示,企业互联网络应用深度与业务范围/专业化程度呈负相关关系(在 0.05 显著性水平上),说明在随着企业网络互联应用程度的深入,企业有扩大业务范围,降低专业化程度的趋势,这与 Peter J. Brews(2007 年)的研究结论并不一致。通过进一步研究,我们发现,本研究中样本企业的网络应用深度均值为 23.7,而 Peter. J. Brews 选取的北美洲的样本企业网络互联应用深度的均值为 30.18。这显示我国目前企业的网络互联应用程度要落后于发达国家企业,这也与现实情况相符。一般而言,网络互联应用在企业的实施可以分为两个阶段,第一阶段是企业内部业务部门的网络化应用,包括企业部门员工通过企业内部网络通信,业务部门通过内网进行生产协作与信息共享等。第二阶段是企业面向外部的网络化应用,范围从企业内部流程延伸到供应商、顾客、业务伙伴等企业利益相关者领域。企业在应用 IT 网络技术时,往往是逐步渐进地应用,在第一阶段的实施达到一定程度后再进入第二阶段。因此,我们认为,在目前中国背景下的企业,网络互联应用的深度要低于北美发达地区的企业,其具体表现在网络应用还处于第一阶段,即企业内部应用阶段。北美企业更多的处于第二阶段。在不同阶段,网络信息技术应用对企业业务范围和专业化程度的影响是可能不同的。处于第一阶段的企业,网络应用程度越高,说明企业内部网络越发达,那么企业内部的协调沟通成本下降速度更快,各部门之间信息传输更加容易、便捷,能够极大程度改善因为官僚、内部层级过多而导致的信息丢失,效率低下的问题,极大地降低了企业扩张的边际成本,企业会倾向于扩大业务范围。这也就是 2a 假设所提出的观点。当企业网络应用深度继续提升,企业会逐步进入到第二阶段,也就是面向合作伙伴等企业外部的网络化应用。企业进入第二阶段之后,继续加深网络互联的应用,将会更多地带来与业务伙伴信息沟通的便利,并且可以通过基于企业外部网络的信息系统进行包括生产等多方面的协作,使得企业与市场的信息交换更加便捷,从而显著地降低市场交易成本(Farhoomand,2005),这极大地降低了企业扩张的边际收益,企业因此倾向于缩小业务范围。

## 二、企业互联网络应用深度与组织内部层级降低呈显著正相关

研究发现网络互联应用深度与组织内部层级的降低呈显著正相关关系,而与外部合作的关联则较弱,这显示了网络互联在企业内部的影响表现比企业外部的影响表现更强。这背后的原因依然是企业网络互联应用的实

施过程和阶段相关。在第一阶段中，企业更关注与内部的应用，在此基础上再慢慢开始外部的应用。从样本的统计数据来看，大多数企业的网络互联应用时间都不长，正处于逐步完善的过程中，因此，企业的第一阶段应用的成熟程度会高于第二阶段，这也自然带来企业内部结构改善效应会比外部要更显著。另外企业内部实施可以由企业完全控制，而外部的订单、生产以及供应链物流等实施并不能由企业完全控制，这也是导致网络互联应用深度对外部合作关联更弱的原因之一。

**三、网络互联应用对企业组织结构影响是一个动态的过程**

以上的分析我们可以发现网络互联对企业的影响随着时间变化存在阶段性作用，有一个渐进的动态作用过程。如图 4－1 所示，网络信息技术应用深度和范围的差异对企业内部及市场之间的协调成本会产生不同的影响，进而影响企业向市场化转变的进程。

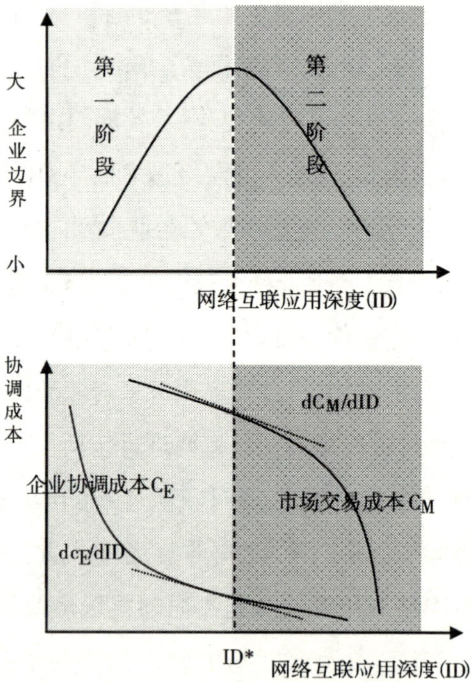


**图 4－1　网络互联应用影响动态图**

随着企业网络互联应用程度不断加深，企业存在着从关注内部网络到外部网络的一个转变过程。企业处于内部网络应用阶段时,网络互联为企业组织内部结构带来显著变化,如假设 1c 所述,组织层级降低,扁平化的组织结构开始出现。因此企业内部网络的应用对企业内部协调成本的降低作用更明显,也就是说企业协调成本随着企业内部网络应用的深度变化的曲线更为陡峭,在网络互联应用的第一阶段中,企业内部协调成本随网络互联应用深度的变化率 $dC_E/dID$ 要高于市场交易成本随着网络互联应用深度的变化率 $dC_M/dID$。此时,企业扩张的边际成本下降幅度更快,企业在第一阶段更倾向于扩张边界,扩大经营范围,降低专业化程度。

随着网络互联应用深度加深,逐渐转向第二阶段的过程中,企业内部协调成本下降的速度开始变缓,而市场交易成本下降的速度开始变快,即 $dC_E/dID$ 值逐渐变小,$dC_M/dID$ 值开始变大。当网络应用深度到达 $ID^*$ 时,$dC_E/dID = dC_M/dID$,此时企业扩张边界的边际成本与边际收益相等,企业边界到达最大值。当企业网络互联应用程度继续加深,进入第二阶段,企业利用市场的交易成本下降速度加快,$dC_E/dID < dC_M/dID$,企业边界扩张的边际收益下降,企业逐渐倾向收缩边界,缩小业务范围,专业化程度加深。

从调研样本的统计数据来看,大多数企业均处在第一阶段和第二阶段的初期,网络互联的应用影响较多地集中在企业的内部。因此,虽然网络互联应用对企业的最终影响是会推动企业更多地应用市场来进行交易,提高企业专业化程度,驱动企业与合作伙伴有更多的接触与联系,增加外部合作机会。但是网络互联应用过程中,企业外部合作并不一定都是随网络互联的深度加深而增加,当企业进入网络互联第二阶段时这样的变化才会开始显著起来。因此,体现在我们的研究中的是企业外部合作与网络互联深度是弱相关关系,低于企业内部层级下降与网络互联深度的相关强度。网络互联对企业外部合作的影响要落后于对企业内部层级的影响,这也是源于协调成本降低速度不一致带来的结果,体现了交易成本变化的演进过程。

### 四、电子市场应用是企业网络互联应用第二阶段的主要形式

电子市场应用是企业网络互联应用第二阶段的主要形式。电子市场可

以促进企业之间建立和维系一种新的供应链伙伴关系，使得买卖双方交流充分，提升运作效率。电子市场作为网络经济下市场的重要表现形式，是一种新的制度安排，与传统市场相比，可以帮助企业显著节约交易费用（具体分析参见第五章）。电子市场对于企业的重要性不仅在于信息的交流和共享以及交易过程的电子化，而且创造了一个全新的价值创造模式。电子市场可以分为两类，第一类是第三方主导的无偏电子市场，第二类是由买或卖方主导的有偏的电子市场。这两类电子市场不仅为参与其中的企业提供高效的交易机制和交易场所，大大降低了交易成本和价格，而且还可以促进交易双方建立和维系一种新的供应链伙伴关系，通过构建一个动态的环境使得买卖双方进行充分自由的交流，提升运作效率。因此，在网络经济环境下，企业降低市场交易成本的重要方式之一就是通过电子市场利用网络平台进行合作与交易。而影响企业进入电子市场的因素有很多（具体分析参见第六章），尤其是对目前很多中国企业而言，互联网络应用程度不高，还处于网络信息技术的企业内部应用阶段，尚未面向合作伙伴进行系统整合，为加入电子市场带来一定的阻碍，导致了电子市场的应用率不高，这也是实证显示企业专业化程度并未随着互联网络的应用而提高的原因之一。

# 第五章　市场组织结构变迁

在以蒸汽机为标志的机器大工业阶段，信息传播的手段主要是通信。其基本特点是信息只能在单个主体之间一对一地传播，速度慢，范围窄。针对这种信息传播的特点，恩格斯曾指出："在他（厂主）发货的时候，商业价格已以完全不同于人家用信告诉他在远方市场上的价格了，而当商品将要运到目的地的时候，商品的价格又和启运的时候不同了。"到了电气化工业阶段，电话、电报等成为信息传播的主要手段。其基本特点是信息传播的速度大为加快，传播的地域范围从理论上讲可以远到世界上的每个角落，但不足之处只能传递有限种类或范围的信息，信息传递的主体仍是有限的。在网络经济阶段，随着电子计算机普遍应用互联网的迅速发展，以互联网为基础的电子信息基础设施成为现代信息传播的主要手段。它与传统的信息传播手段相比发生了根本的变化：不但实现了在全球范围内的信息适时传播，而且可传播的信息种类更广，更富表现力，包括数字、声音、图像等，信息传递不但可以实现双向交互，而且可以实现一对无数和无数对无数的交互。这种信息革命无疑会给市场容量与结构带来意义深远的影响。

## 5.1 互联网络与市场

### 5.1.1 市场的含义

市场的概念始终包含着两个层次上的意义，一个是宏观层次上的市场、市场经济，这里它被作为一个经济体系来看待；一个是微观意义上的市场、交易市场,也就是具体的市场(例如传统的集市等)。由于两个层次的市场关系密切,互为因果(张群,1997)。

在不同经济学派的视野中,市场含义具有不同的侧重,总体来说,市场有以下方面的含义:

1. 价格流通体系和利益实现机制

古典经济学家们关注作为实现商品实物交换环节的市场对于商品生产组织形式和过程的影响,以及通过市场交换所形成的价格体系对于协调经济运行的作用。19世纪末以来经济学家的注意力往往放在市场的分配效率方面,在这里市场的概念并不仅仅指的是交易场所,而是价格决定机制和人们追求并实现各自利益目标的机制。哈耶克则认为市场具有多方面的属性,“必须把价格体系看做一种交流信息的机制”,市场竞争是通过传播信息、实现经济体系协调的过程。市场竞争机制不仅是能实现包括人力资源在内的资源配置的最有效的机制,还是最经济的信息载体和处理器。

2. 制度含义

新制度经济学则强调市场的制度含义。科斯认为,市场机制是一种配置资源的手段,企业也是一种配置资源的手段,二者是可以相互替代的,市场机制的运行是有成本的,通过形成一个组织,并允许某个权威(企业家)来支配资源,就能节约某些市场运行成本。交易费用的节省是企业产生、存在以及替代市场机制的唯一动力。霍奇逊把市场本身定义为一种制度:“我们将把市场定义为一套社会制度,其中大量的特种商品的交换有规律地发生,并在某种程度上受到那些制度的促成和构造,交换包括契约性的协议和产权的让渡,市场部分地包括构造、组织交换活动并使其合法化的机制,简而言之,市场就是组织化制度化的交换。”

总体而言,市场被视为价格体系、流通领域或者组织形式,或者我们通常所说的看不见的手,都是主要从宏观意义上来描述市场体系的作用。新制度经济学视角下的市场,不仅仅是人们交换单品的场所,还代表隐藏在市场后面的若干规则,这些制度既表现为一个个市场的具体规则,也表现在宏观层次的制度规范。人们研究市场的主要视角为:宏观市场体系的主要功能(价格决定、利益实现)、市场体系的主要机制(价格体系、流通领域、经济组织形式)。

微观意义上的市场是最古老的市场含义,市场最早就起源于古时人类对于固定时段或地点进行交易的场所的称呼,交易市场,也就是具体的市场(例如传统的集市等),是消费者为了减少搜寻成本所形成的。

本章的重点在于考察网络经济下互联网络对市场的影响,研究视角将既从宏观层面考察市场价格决定机制、市场结构以及作为制度含义下的市场交易成本等方面的变动,也会从微观层面考察作为交易场所意义上的市场,在网络经济环境下,所演进出的新的市场形式——电子市场。

### 5.1.2 作为市场基础的互联网络

互联网是通过互联网协议(TCP/IP)把世界各地的各种通信网(包括计算机网、数据网和电话网等)相互联结而成的网络,与原有的各种通信网络不同。它既是信息传输网络,又是信息资源网络。凡是互联网的用户,都可以通过互联网服务(如电子邮件)与网上其他任何用户交换信息,可以跨地区、国界使用远程计算机系统上的资源,从网上的各种信息库和数据库获取资料。然而,互联网不仅仅是一个信息传输网络和信息资源库。

当互联网应用从教育和科研活动领域转向商业应用,于是基于互联网的电子商务出现了。万维网(Web)的发明给企业通过网页形象地展示产品和传递信息提供了条件,网上交易的经济性和便利性吸引了越来越多的企业和消费者。互联网日益成为企业生产经营和竞争的新"场所",互联网也就成为这一全新市场的基础设施。互联网能够成为市场的基础设施,与其所具有的两个内在特征分不开。这两个特点是:分布式计算与开放性(Choi-et,2000)。

1. 分布式计算。20 世纪 80 年代末以前的计算机网络主要是集中式计算网络。在这种网络中,一切任务都由主机来完成,终端只起输入命令和显示结果的作用。主机与终端之间是支配与被支配的关系。这有点像计划经济的“信息系统”:各单位把信息汇集(终端输入)到一个中心决策部门(主机),各单位从中心决策部门获得结果(终端显示)。而分布式计算网络有点像市场经济的“信息系统”网络中的每台计算机都有信息处理功能,都可以执行任务,而且其“地位”是平等的(对等互联),不是支配与被支配的关系。分布式计算和对等互联赋予互联网极强的交互能力,而这种交互能力对互联网成为交易市场是至关重要的,它使网上交易可以像面对面交易一样进行双向交流。互联网的用户可以接受互联网的各种信息服务,如 E-mail、FTP、BBS 等获取和发布信息,完成交易。不仅如此,销售商还可以利用网络的交互性调查消费者的兴趣以及对产品质量、价格和服务的偏好。

2. 开放性。在互联网出现之前的各种计算机网络。由于其使用的技术和通信标准不同,不是所有的网络都能够相互通信。而互联网使用的是开放的标准和技术,这种开放性使不同平台之间的计算机能够进行互操作(Interoperability)和信息交换。因此,互联网的商务潜力远远超过了电子数据交换(Electronic Data Interchange,EDI)和增值网络(Value-Added Network,VAN)。这种潜力主要表现在两个方面:一是互联网的网络范围比其他任何计算机网络都要广,有更多的企业和消费者可以加入到互联网环境中进行商业活动;二是降低了进行网上交易活动的进入成本。

## 5.2 市场结构与效率变化

互联网的出现使得传统市场在众多方面发生了深刻的变革,建立在互联网上的市场有了很多与传统市场完全不同的特性。与传统的市场相比,建立在互联网上的市场在以下各方面发生了巨变:

### 5.2.1 市场结构变化

市场按照竞争强度区分为完全竞争市场、垄断竞争市场、寡头垄断和完全垄断市场。这样的区分是基于传统的经济环境，在网络经济条件下，基于互联网的市场有着不同的特点，可以看做是不同于上述四种市场结构的新的结构。基于互联网的市场范围将随着交易信息的数字化、交易方式的数字化和连接的网络化而扩大，市场范围的扩大意味着市场竞争结构的改变。总的来说，与传统市场相比，基于因特网的市场是实时的、更有竞争力，学术界普遍认为其更接近新古典经济学所说的完全市场，具体比较如表 5－1 所示。

**表 5－1　传统市场与基于因特网的市场结构比较**

| 传统市场（离线市场） | | | | | 基于互联网的市场 |
|---|---|---|---|---|---|
| 市场类型 | 完全竞争 | 垄断竞争 | 寡头垄断 | 完全垄断 | |
| 厂商个数 | 大量 | 大量 | 少数 | 唯一 | 很多 |
| 商品同质性 | 同质 | 有差别 | 同质或有差别 | 无相近的替代品 | 有差异 |
| 进入条件 | 自由 | 自由 | 困难 | 封锁 | 自由 |
| 信息的完全性 | 完全信息 | 不完全信息 | 不完全信息 | 不完全信息 | 接近完全信息共享 |

经济学家把完全竞争看做市场效率的最高形式。但是在实际的市场中这种完全竞争的状态几乎就不存在，因为现实的市场满足不了以下的几方面的假设：

（1）潜在的买方和卖方有很多，而且能够无代价地进入和退出市场，也就是说没有市场进入的障碍。

（2）买卖双方很多，哪个买者和卖者都不能单独影响市场，他们都是价格的接受者。

（3）产品同质，没有差异。

（4）买卖双方都了解产品的价格和质量，具有关于产品的完全信息。

网络作为一种信息的传递工具，所起到的最直接作用就是提供完全信息。随着基于互联网的市场的发展，所有买者和卖者都可以通过互联网来实现信息共享，与传统市场相比，这种市场是信息更充分、更公开、更透明的市场，无论是卖者和卖者之间，卖者和买者之间，还是买者与买者之间的有关商品价格等市场信息在互联网上可以很容易地被消费者搜索得到,可以被看作是完全公开的,共享的,信息也是接近于完整的。网络经济中,除了商品信息更加充裕之外,企业进入市场的成本,经济活动的交易成本都有一定程度的降低。尽管现实环境中,企业规模、实力的大小可能相差悬殊,但在基于互联网的市场上,受展示企业形象的载体互联网的限制,他们都站在同一起跑线上,互联网给予了各个经济主体平等竞争的机会。以往工业巨人借以压倒对手的规模优势、成本优势以及固定的供销渠道等优势在互联网这个虚拟的空间中的作用比前网络时代都有所减弱。更为突出的是,网络市场的进入壁垒要比传统市场小很多,随着网络技术的发展,开设网络商店的成本不断降低,这一切让网络商店的开设变得容易,进入的壁垒很低。互联网作为一种市场的载体和组织的形式,减少了企业进入的壁垒,减少了企业经营的成本,小公司能从以较小的成本完成在现实实物市场上要花费很大成本才能做到的一切,这有利于竞争程度的提高。因此,从某种意义上说,公司越小,从基于互联网的市场上获益的机会则越多,因为基于互联网的市场使他们更容易克服资金、人才和地域的限制。所以从以上角度来看,网络使网络商品所面临的市场结构趋向于更加充分的竞争。在网络经济中,商品所面临的市场就是网络市场,即使现在还有很多商品没有进入网络市场,但是大多数商品最后汇流于互联网大市场也是必然趋势。

### 5.2.2 交易效率的变化

早期,人们拿着各自的物品到一个自发形成的场所去交换、买卖,市场就成了人们经济生活中十分重要的一部分,成了经济交往的核心。随着时代的发展市场也不断地演进。在市场的发展中信息一直是一个非常重要的要素,在市场最初还仅仅是个“集市”的时候,人们之所以要到市场上去,就是因为在集市中各种信息相对比较集中,人们从中可以获得相对丰富的、新鲜的、符合自已需要的交易信息。但是传统市场上信息的获取是有限的,在传统的市场中产品信息获取、产权转移、产品实物的交换是一体的,是共同发生的。大多数商品信息都和商品本体紧密地结合在一起，还摆脱不了商品本体的束缚。也就是商品信息没有有效的传递方式，没有获得自由的存在形式，这也就是所谓的半信息商品状态。而且更重要的是市场信息因为市场在地域上的分隔而被分割，大量市场信息分散在各个不同的市场中。而且即使在同一个交易市场中，交易者要想获得充分的信息也要花费大量的成本，这也就是说他们的信息处理和发现能力弱。在网络经济中，这一切均有所改观。随着信息技术的发展和经济生活中信用体系的逐渐建立，信息获取和商品产权在市场中的转移已经在发生分离，商品的信息获得了一个独立表现自己的自由而广阔的场所——网络信息平台。网络信息平台具有巨大的信息容纳和传输能力。因为网络对信息的传递，买者和卖者可以低成本地获得对方的有关信息，消除交易双方之间的信息阻隔。网络上的每个个体都能够平等地面对相同数量和质量的信息，信息的壁垒和垄断都是微小的，任何一个经济主体做出决策时所面临的信息是相对完备的。网络市场中信息量与信息效率有了相应的增加和提高，这意味着用于搜寻信息的时间、精力和财力的减少。在与交易相关信息丰富的同时，信息流的丰富顺畅也会对物流和资金流产生影响。卖方可以面向全球众多潜在的买家方便地发布其产品、服务信息，并通过互联网与许多购买者进行交易，降低了交易过程的复杂程度，有效地提高了交易过程的效率；对于买方来说，在网络市场中可以最大程度地接触不同的供应商，并通过互联网进行及时有效的比较、沟通，增加采购产品及服务的选择，获得更好的价格和更高的质量，同时简化了原本复杂的购买流程，极大地提高了购买效率，降低了交易成本。

### 5.2.3 交易范围的变化

在网络没有诞生之前，各种市场都不可避免地受到地域条件的限制。网络的出现，突破了传统市场必须以一定的地域空间为存在前提的约束，把散布于各个地域的市场汇集到网络上，统一了市场空间。网络市场对于任何一个潜在的进入和退出者的开放性远比网下市场要大得多,因为互联网是没有疆域的,是以信息网络为纽带的全球“网络市场”,是一个虚拟的市场。网络经济中的电子市场将进一步向全球化趋近。当前的网络经济与全球化的趋势是一个互动的过程,在网络化的基础上全球化才得以逐渐实现,不同地域之间的贸易联系才能够被大大加强。网络经济时代各个生产者都可以把自己的商品搬上网络,各个买者和卖者都可以在网络上见面,市场范围扩展到所有的可能参与者,每个买者和卖者可以自由地穿梭在网络市场中。互联网提供了一种完美的媒介,使来自全世界的买主和卖家聚集在一起。历史上也只有网络才有这样的巨大容量,把所有的买者和卖者包括进来。

### 5.2.4 价格形成机制的变化

互联网技术简化了市场的交易过程,提高了服务质量。由于买卖双方可以在电子市场环境下实现低成本的互动,许多交易过程被重新设计,于是价格形成机制也多样化了。价格发现机制是整个市场机制中的一个十分重要的内容,它关系到交易是否能够顺利进行,双方如何争夺交易中的收益。基于互联网的电子市场的价格形成机制可以概括为以下两种:目录模式和拍卖模式。目录模式是目前互联网上最简单和最普遍的交易模式,该模式广泛应用于各种网上商店中,通过集合了多种产品或服务的目录向顾客提供一站式服务。顾客可以利用比价站点等多种智能软件进行产品搜索与价格比较,在降低搜索成本的同时,提高了顾客获取产品和价格信息的能力。目录模式特别适合于具有产品搜索成本高、价格相对稳定、采购时间紧迫等特征的行业。在拍卖模式中,价格的决定是一个动态的竞价过程。在电子市场中,最常用的是反向拍卖,反向拍卖是卖方对买方提出的要约进行竞争,这一过程导致产品的价格向低的方向移动,从而使买卖双方省却了复杂的谈判过程,成交率更高且价格更加合理。完善的价格形成机制会使市场运行的更有效率,并使买卖双方在交易过程中取得“双赢”,为提高整个社会福利提供了可能。随着互联网的不断发展,还出现了一些价格发现的新类型,在传统市场上从未出现过。例如,一些飞机航线对最新的未售出的座位进行拍卖,像 Priceonline 这样的中介网站允许买主指定产品的具体规格要求和他们愿意支付的价格,然后将相应的报价送到参与市场的卖主手中,这种买方报价的形式与传统的零售方式完全相反。

## 5.3 新兴的市场组织形式——电子市场

### 5.3.1 电子市场内涵及分类

#### 一、电子市场的内涵

电子市场是网络信息技术发展的产物,随着计算机网络信息技术的发展,企业纷纷将信息系统引入企业的经营与管理中,以提高企业运营的效率、降低企业的经营成本。当企业信息系统的应用越过了企业的边界,就出现了企业间信息系统。企业间信息系统的出现与发展,使得多个买方与多个卖方通过信息系统连接在一起,并在信息系统平台上通过一个虚拟的市场进行交易活动,这就是早期的电子市场。早期电子市场的表现形式为 EDI(电子数据交换)电子市场。严格来说,EDI 是点对点的链接方式,并没有真正形成由卖方和买方互动的市场。随着互联网的产生与发展,人们很快发现,建立在互联网上的电子市场更具有成本的优势,并且能够以极低的成本扩大市场的规模,同时降低了电子市场的进入成本。因此,以互联网为基础的电子市场逐渐成为电子市场的主流。

对于电子市场的内涵,不同学者从不同视角、以不同理论依据对电子市场进行了定义。在本文中我们认为,电子市场作为建立在互联网基础上的虚拟交易场所包含以下三个方面的含义:

1. 电子市场是一种新型的经济协调机制,它改变了传统经济活动中相关微观经济主体之间的经济联系和经济活动方式;交易成本理论认为,市场与层级是两种对应的、不同的协调机制,经济主体对与不同协调机制的选择基于不同协调机制所产生的交易成本的不同,经济主体总是选择交易成本较低的协调机制。随着网络信息技术的发展,市场机制在信息技术的环境中演化成电子市场。

2. 电子市场是一种新型的信息中介平台,它聚集了来自交易双方的各种信息,有针对性地向双方提供商业信息,可以撮合双方简化交易过程;Bakos 认为电子市场是由信息系统支持的市场,这种信息系统跨越了组织的边界,运行于不同的组织之间,形成多对多的关系,能够支持信息、产品、服务的交换。

3. 电子市场是一种新型的交易服务平台,它不但可以电子化连接交易涉及的各方,辅助商业交易的全过程,而且提供交易相关的增值服务。

制度经济学指出,一种制度的出现根本原因在于这种制度比原有的制度更节约交易成本,制度创新的原因是人们可以通过改变现有的制度安排来获得更多的收益。市场制度本身也有其自身的内在演化规律,即一种市场制度不断地被另外一种交易成本更低的市场制度所代替。与传统市场相比,电子市场的交易成本更低廉,是传统市场在网络环境中的优化和升级。电子市场作为在网络经济中出现的一种新的制度安排,相对于传统交易市场是一种收益更高的制度,是网络经济市场变迁的必然方向。

## 二、电子市场分类

电子市场有时候也被称为互联网市场或在线市场(Online Market),是指以互联网为平台买卖双方进行商务活动的市场(朱彤,2002)。基于互联网的互联网市场或在线市场可以分为三类:B2B(Business to Business),B2C(Business to Customer)以及 C2C(Customer to Customer)三类在线市场,这三类在线市场的参与主体各不相同。在线 B2C 市场与在线 C2C 市场为面向最终消费者的市场,B2B 电子市场的参与交易的双方都是企业。

我们更专注于企业与企业之间的关系,以企业与企业之间的交易关系为主体的 B2B 电子市场是本文的研究重点。另外,在与电子市场相关的绝大部分文献中(Bakos,1999;Troy Strader,2001;Malone,1987;胡宏力,2005;

常广庶,2005;王平平,2006 等),电子市场均指的是 B2B 电子市场,其他两类电子市场多用“在线市场”来表示,因此在下文中按惯例,未特别标识的电子市场均指的是 B2B 电子市场。

B2B 电子市场根据市场的所有权结构可以分为买方主导的电子市场、卖方主导的电子市场和第三方主导的电子市场。

1. 卖方主导型电子市场

卖方主导的电子市场是在某些供应商(或卖方)居于主导市场地位的产业中,由单个或多家供应商创立的电子销售市场。销售方自己建立控制并将自己的产品放到 B2B 电子市场上,以吸引更多范围内购买方,降低销售成本。如 INTEL 公司通过自己的 B2B 交易平台集中了全世界几乎所有的大型计算机生产厂商和 CPU 中间商,通过互联网数据交换进行网上的订购。其他,如销售产品的电子市场有钢铁业的 E-Steel、造纸业的 PaperExchange.com、医疗保健业的 Johnson&Johnson、GE Medical Systems、Baxter、Abbott Lab 和 Medtronic 五大供应商合作成立的电子市场。

2. 买方主导型电子市场

由购买方控制的市场是指购买方自己建立控制并将自己的购买需求放到 B2B 电子市场上,以吸引更多范围的供应商,降低采购成本。买方主导的电子采购市场起源于早期大型企业所建立的电子数据交换(Electronic Data Exchange,EDI)机制。互联网问世以后,大型企业再度因其在产业中举足轻重的地位,形成了一个个由买方领导厂商建置的电子采购市场。为了对产业上下游相关供应商进行整合,他们通过合资或战略联盟的方式,共同构建互联网电子采购市场,以提高采购原材料、零部件的效率。例如,汽车产业有福特汽车、通用汽车、克莱斯勒和甲骨文(Oracle)公司共同组成的汽车零件采购市场——Covisint;电子电信业有 IBM、日立、松下、LG 电子、北电网络(Nortel Networks)、Ariba 和 I2 等数家公司合作创建的 e2open. com;百货和超市业则有西尔斯和家乐福共同创立的 Global NetXchange,为零售业提供网络 B2B 交易平台。在这类买方主导的电子采购市场上,买方拥有相当明显的主导力量，且通常由供应商来支付交易佣金。

3.第三方电子市场

第三方主导的电子市场是中立的电子市场，它是由非业界中立第三方创建的，又称为PurePlayer或独立电子市场。这类电子市场由第三方中介建立并控制，吸引卖方和买方将自己的销售和采购信息放到市场上，以促进双方的沟通，并降低成本，促成网上交易。例如由Ariba和BizBuyer. com共同组建的B2B交易网站，提供跨产业所需的企业办公设备和维修保养用品等。中国最著名的第三方电子市场平台提供商阿里巴巴为广大的中国出口企业提供互联网B2B产品买卖交易服务。中立电子市场的运作机制与由买方主导或卖方主导的电子市场运作机制有很大的区别，中立的第三方只负责维护交易环境、设备与秩序，本身不参加交易。

### 5.3.2 电子市场为企业带来的价值分析

#### 一、电子市场对协调费用的降低

1.交易过程中成本变化

B2B的电子市场能够通过技术和机制上的创新帮助市场参与者节约内生和外生费用。交易成本，主要与搜索、协商以及监控等交易过程的开销相关[1][2]。（Goldsby and Eckert，2003；Dahlstrom and Nygaard，1999）。因此，参与B2B电子市场获得的交易成本收益主要表现在搜索成本、协商成本以及协作成本的下降上。

搜寻成本主要指是与搜寻相关产品和服务的信息相关成本。搜寻成本经常用发觉相关产品及供应商信息阶段中察觉的成本来衡量。在传统市场中，常因为搜索成本过高，而无法使潜在的采购商和供应商发现对方，而在

---

[1] Thomas J. Goldsby and James A. Eckert, Electronic Transportation marketplaces: a trasaction cost perspective, Industrial Marketing Management, 2003 32(3), 187 – 198.

[2] D Robert, A. Nygaard, An Empirical Investigation of Expost Transaction Costs in Franchised Distribution Channels, Journal of Marketing Research, 1999, 36(2), 160 – 170.

电子市场中，网络作为众多企业和客户进行交易的场所，任何企业或客户都可以使用一些专门的网络搜索引擎，方便快捷地收集到很多对方的信息，然后从中选择合适的进行交易。因此，交易双方可以在网络中直接相互接触，相互选择，显著降低了搜索成本，缩短了搜索的时间，促进了交易的达成。这使得采购商能以更低的成本接触到更多的潜在供应商。另外，由于电子市场的信息收集和整理服务，使信息的获取变得便宜，采购商能以更低廉的成本获得比传统方式更详细及时的供应商信息和产品信息。

协商成本主要是在议价阶段所发生的花费。完成信息的搜寻之后，交易双方开始接触，就交易的条款进行协商，最终达成合同。当买者一旦有了合适的供应商，议价活动就开始了。议价成本指的是与协商价格、配送、时间相关的协商成本。买者在议价活动结束后选择最合适的供应商，并达成合同。达成合同后，交易双方必须履行各自的责任，划拨款项，提供商品或服务。传统交易条件下，当企业和客户之间期望建立一种交易关系后，复杂的交易过程不仅加大了签约过程中的成本，而且延长了交易的时间。而在B2B电子市场环境下，交易双方可以通过网上协商各种条款，直接在网上签订合同，避免了签约人员的奔波之苦和减少成本的支出。同时，通过各种网上的电子证单可以实现款项的直接划拨。这样，B2B电子市场加速了交易过程，降低了交易的签约和执行成本。

监控成本：监控是交易后成本的组成要素，与确保产品、服务的性能符合预期相关。监控成本包括保证履行契约，帮助确认贸易伙伴最符合利益的行为。电子市场可以帮助确认交易的可靠性以及合法性[1]（Chrusciel，2000）。第三方电子市场中介可以提供信息核实、确认的服务，确保交易双方身份、信用等信息的真实性，并且这些信息对于平台上的参与者都是透明的。另外，电子市场中介可以通过发布策略和规章来在市场参与者中建立

---

[1] Chrusciel，Don，The Internet Intermediary：Gateway to Internet Commerce Opportunities，Journal of Internet Banking and Commerce，2000，5（1）.

信任。这样，可以有助于降低机会主义行为[1]（Chrusciel，2000；Clark and Lee，1999）。这些都有助于降低采购者的监控成本。

2. 流程的改进

电子交易市场能够通过改进现有的商业流程来提高效率。这表现在两种形式：减少现有流程（通过电话、传真等手段）的成本；重新设计现有流程（Kaplan and Sawhney，2000）。

在对一家旧车电子交易市场 Autedaq. com 和传统的旧车交易市场进行实证研究的基础上，Kaplan&sawhney（2000）发现，电子交易市场的确通过流程的改进大大降低了交易的费用和时间。我们还需注意，正如 Kambll（1998）指出的那样，在电子交易市场中，IT 技术的广泛应用，将增加交易中信息流程和实物交易流程的效率，同时分离这两个流程。这反过来促成了不同形式的交易，可以用来满足不同用户的特定要求。

比如，在国际贸易领域，B2B 电子市场对传统贸易流程改进提供了可能，形成了全球范围的、电子化的贸易服务方式。以应用 B2B 电子市场中最为典型的实际单证事务处理过程为例，与传统的外贸单证运营过程比较，应用 B2B 电子市场的外贸单证流转至少减少了 15 个步骤（见表 5－2），这一改进能使所有的商务成本平均下降 12%，电子、运输等行业的成本甚至可以下降 20%，这主要得益于电子采购使得采购成本大为降低。伴随着 B2B 电子市场的动态发展进程，这一新型贸易方式还会有更多的优点展现出来。因此，凭借着网络这个载体，B2B 电子商务得以将商务活动中的物流、工作流、增值流、信息流、资金流等所有业务汇集在一个整合的“场”中，通过对“场”里信息资源的共享和业务的重组，不但可以降低经营成本，加速资金周转，提高服务管理水平，还加快了企业实体的市场适应能力，进而创造和挖掘出新兴的利润空间。

---

[1] Clark，Theodore H. and Ho Geun Lee Electronic Intermediaries：Trust Building and Market Differentiation，Proceeding of the 32nd Hawaii International Conference on System Science. 1999.

表 5－2　传统外贸方式与 B2B 电子商务贸易方式的外贸单证运营过程比较

| 步骤 | 传统贸易方式 | B2B 电子商务贸易方式 |
| --- | --- | --- |
| 1 | 买方准备一份请购单 | 买方准备一份请购单 |
| 2 | 卖方受到请购单并回复 | 卖方受到请购单并回复 |
| 3 | 获得批准或授权 | 获得批准或授权 |
| 4 | 输入请购单数据 | 输入请购单数据 |
| 5 | 打印采购单 | （不需要此步骤） |
| 6 | 邮寄采购单给买方 | （不需要此步骤） |
| 7 | 卖方接受采购订单 | （不需要此步骤） |
| 8 | 买方确认所采购货物清单 | （不需要此步骤） |
| 9 | 卖方确定订单 | （不需要此步骤） |
| 10 | 进行订货登记 | （不需要此步骤） |
| 11 | 打印装箱单或订单 | （不需要此步骤） |
| 12 | 货物装运给买方 | 货物装运给买方 |
| 13 | 开具发票记应收款 | （不需要此步骤） |
| 14 | 将发票寄给买方 | （不需要此步骤） |
| 15 | 买方收到货物 | （不需要此步骤） |
| 16 | 买方收到发票 | （不需要此步骤） |
| 17 | 登记所收货物存货科目 | 登记所收货物存货科目 |
| 18 | 将发票输入应付款系统 | （不需要此步骤） |
| 19 | 开具支票 | （不需要此步骤） |
| 20 | 将支票寄给卖方 | （不需要此步骤） |
| 21 | 卖方收到支票 | （不需要此步骤） |
| 22 | 登记应收款账户冲账 | （不需要此步骤） |

## 二、电子市场价值的模型分析

参与电子市场的企业所获得的价值主要表现在两个方面，即交易成本降低所获得的收益以及采购价格下降获得的收益。在这里，本文选取第三方 B2B 电子市场为对象，来从购买方视角来分析电子市场为参与企业带来的经济价值。我们通过下面的模型来分析各种不同的因素对企业参与 B2B 电子市场所获收益的影响。在这里，我们假设买者处于一个买者多个卖者的买方市场。比如，对于大多数像阿里巴巴这样的 B2B 电子市场而言，其供给信息远大于需求信息。以缝纫机配件旋梭为关键词在阿里巴巴上进行搜索,供给信息与需求信息比例为 711 : 11。我们可以认为,这是一个较为典型的买方市场。

为了简化模型,我们只考虑产品特性,交易流程复杂性程度,卖方集中程度对收益的影响。模型中,假定每个卖者在协商的价格下,仅卖一种产品。买者组织的内部用户通过一个中介平台进行搜索并下单。假设每个产品 $i$ 都有一个替代产品 $j$,并且替代系数为 $\theta$。

模型中前提假设如下:(1)所有购买都是通过中介采购平台完成的。(2)对于每一个产品 $i$,有一个替代产品 $j$。(3)寻找和协商成本在和一个新供应商达成新的合同时发生。但不是每一笔交易时发生。(4)每次交易时候都会发生协调合作成本。

本模型中,我们的目的在于度量基于互联网络的 B2B 电子市场所产生的潜在经济利益。采购成本的降低是企业转向基于互联网络电子市场采购的一个主要目标[1](Kalakota and Robinson,1999)。我们主要考虑的收益是采购者比较容易测量的价格收益以及交易过程成本收益。

1. 价格收益

价格收益主要来源于电子市场中定价透明,使传统市场存在的价格差异逐渐减少,使购买者更容易进行价格比较。通过聚集大量的采购商和供应商,基于互联网络的电子市场平台可以帮助采购商找到更多的符合条件的供应商,这样有助于增加买者的议价能力,获得更低的价格。尤其在一些买方占优势的电子市场中介平台上,商品的供应商数量远大于采购商的数量,面对数量众多的供应商,采购商拥有的议价能力更强,更容易获得价格收益。价格收益可以用最后协商的价格与产品在市场上的平均价格之间的差距来衡量。

---

[1] Kalakota. R. and M. Robison, E-Procurement The next wave of cost reduction in E-Business: Roadmap for success, Addison-Wesley longman, MA, 231 - 264.

与传统的市场价格相比，价格下降程度越高则代表采购者获得的价格收益越大。在这里，我们采用 Trivedi（1998）[1] McGuire and Staelin（1983）[2]的价格需求曲线来进行描述，表达如下：

$$q_i = A_i - p_i + \theta p_i \qquad (5-1)$$

其中，$q_i$ 为是对产品 $i$ 的需求。$A_i$ 是当价格为 0 时，对产品 $i$ 的需求。$p_i$ 是产品 $i$ 在市场上的平均价格，$p_j$ 是产品 $j$ 在市场上的平均价格。$\theta$ 是产品替代系数，代表了产品 $j$ 的价格变化对 $i$ 产品需求量的改变。产品 $j$ 对 $i$ 的可替代程度与产品 $i$ 的特性有密切关系。如果产品 $i$ 的定制化程度越高，则可替代性越低，反之，则越高。

产品的定制化程度与采购过程的复杂程度是相关联的。定制化程度越高，说明产品的标准化程度越低，则采购过程就越复杂。我们用 $\rho$ 来表示采购过程的复杂度。$\rho$ 取值在 0 ~ 1 之间。当 $\rho$ 取值为 0 时，代表简单采购过程，$\rho$ 取值为 1 时代表最复杂的采购过程。当采购复杂度比较低的时候，企业可以较为容易地转换产品，并且替代产品的价格会对产品的需求产生较大的影响。考虑到采购过程的复杂度因素，产品 $i$ 的需求的表达如下：

$$q_i = A_i - p_i + \theta(1-\rho)p_i \qquad (5-2)$$

在该公式中，$p_i$ 为产品 $i$ 的平均价格，设定 $p_b$ 为产品 $i$ 在买方市场上的价格，则 $p_i > p_b$。与 $p_i$ 价格相比，$p_b$ 价格的降低程度与企业通过该系统的采购量以及供应商的集中程度相关。当产品 $i$ 的供应商数量众多，集中度较高时候，企业具有更大的优势要求低价。价格随供应商集中程度变化的比率则和产品特性以及市场条件有关。用 $\alpha$ 来表示供应商的集中度，$\varepsilon$ 表示随着供应商集中度提高，价格下降的比率。那么企业在买方市场条件下，其价格可以表述如下：

---

[1] Trivedi, M., Distribution Channels: An Extension of Exclusive Retailership, Management Science, 1998, 44(7), 896 - 909.

[2] McGuire, T. W. and R. Staelin, An Industry Equilibrium Analysis of Downstream Vertical Integration, Marketing Science, 1983, 2(2), 161 - 191.

$$p_b = p_i(1-\varepsilon\alpha) \tag{5-3}$$

我们可以用买方市场价格与平均价格之差与需求之积来衡量总的价格收益 $Bp$。

$$Bp = \varepsilon\alpha p_i q_i \tag{5-4}$$

如果我们假设 $p_i$ 与 $p_j$ 价格一样，则

$$Bp = q_i\alpha\varepsilon\frac{(A_i - q_i)}{1-\theta(1-\rho)} \tag{5-5}$$

2. 交易过程成本收益

使用基于互联网络的电子市场进行采购，可以在以下三方面降低交易成本：搜索成本、协商成本以及监视成本。在这里，我们以各项活动所涉及的时间作为衡量成本的主要因素。

搜索成本，主要和采购过程的复杂程度，以及产品的可替代性相关。当产品的可替代性较低（即 $\theta$ 较小），即客户化程度较高时，企业的搜索成本会较高，企业需要花更多的精力和时间才能找到合适的供应商，来确保产品的某些特定需求能得到满足。采购过程的复杂度（$\rho$）的提高也会使得搜索成本上升。供应商的数目越多，意味着供应商的集中程度（$\alpha$）越高，则企业的搜索成本也越高，同时我们设 $k$ 为搜索、议价以及协作活动过程中的单位消耗成本。那么搜索成本则为：

$$Bs = k(1-\theta)\ \alpha\rho \tag{5-6}$$

议价成本与采购过程的复杂程度（$\rho$），与供应商的集中程度（$\alpha$）有密切关系。采购过程复杂程度越高，其议价过程也越复杂，成本也越高。而供应商增多，其议价成本也会上升。议价成本可以表述为：

$$Bn = k\ \alpha\rho \tag{5-7}$$

监视的成本在每一笔交易过程中都会产生，是确保产品和服务的性能与预期一致所花费的。产品采购的流程复杂度越高，就需要越多的投入来保证产品的交付质量。已经有很多研究指出，电子中介可以有效地降低监视成本，理想状态下，电子中介可以通过一系列的策略来保证交易双方的信

任，甚至可以消除监视成本。因此，这里监视成本收益可以表示为没有使用电子中介时的成本。

$$Bc = k\rho q_i \tag{5-8}$$

已经有很多研究证明，电子市场平台可以通过为企业提供信息发布平台，搜索工具，电子沟通工具以及信任措施，能分别在很大程度上降低企业的搜索成本，议价成本以及监视成本。因此，本文中我们把传统条件下，企业的搜寻成本、议价成本以及监视成本作为使用电子中介平台的总收益。

因此，企业使用电子中介的B2B采购所获得的总收益为：

$$V_i = q_i\alpha\varepsilon\frac{(A_i - q_i)}{1-\theta(1-\rho)} + k(1-\theta)\alpha\rho + k\alpha\rho + k\rho q_i \tag{5-9}$$

3. 平台转换成本

在这里，转移成本主要来源于平台上供应商改变的机会成本。企业一般在实施某项IT应用后，都会面临技术锁定。企业一旦选择了特定的B2B电子市场平台，就存在把自己锁定在某种技术解决方案中的风险，企业如果想转移至另一平台上，将会面临转移成本。这个转移成本主要来源于配合平台的客户端系统的安装成本、用户对新系统的学习成本以及更换供应商的风险成本等。如果企业采购的产品客户化程度越高，采购过程越复杂，那么它所面临的机会成本越大。因为，如果企业与新平台上的供应商签约，其面临的关于产品价格、质量等方面的不确定风险。这里用$r$来表示单位锁定成本。我们可以把技术锁定的平台转换成本表示为：

$$C_l = r\rho\theta q_i \tag{5-10}$$

在本研究中，我们把平台上的采购者所获得的价格收益交易与成本收益之和减去技术锁定成本看做使用电子市场进行交易的收益。

那么总收益为：

$$B = Bp + Bt - C_l = q_i\alpha\varepsilon\frac{(A_i - q_i)}{1-\theta(1-\rho)} + k(1-\theta)\alpha\rho + k\alpha\rho + k\rho q_i - r\rho\theta q_i \tag{5-11}$$

根据前面的模型，我们来分析不同的因素对电子市场价值的影响，在这里我们以产品替代性高低来表示产品的客户化程度。图 5－1 显示了使用电子市场平台采购企业收益在不同的产品特性下，随着产品采购量的变化情况。

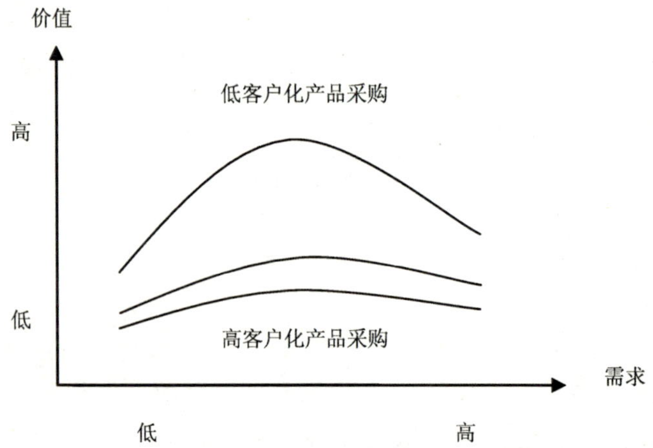


**图 5－1　采购产品特性对电子市场价值的影响**

在不同的产品需求情况下，低客户化产品的采购所获得的收益要远大于高客户化产品的采购。而对于低客户化产品的采购而言，收益随着对产品需求量的增加，会出现先增长再降低的趋势。如果产品客户化程度越低，可替代性越高，其可选的供应商范围就越广，那么采购者所获得的价格收益和搜索成本收益都会远高于采购可替代性低的产品。同时，高客户化的产品采购一般对应着更结构化的采购流程，采购者会为这类产品定制采购流程，以简化再次采购或补充采购时的复杂度，这样买者与供应商之间的关联就越密切，更换电子市场平台和供应商意味着更高的转换成本，因此低客户化产品通过电子市场采购的收益更大。

**三、影响 B2B 电子市场价值的因素分析**

从上文对电子市场价值的模型分析中，我们可以发现影响 B2B 电子市场为参与企业带来价值的因素主要有两个方面，一个是产品因素，一个是电子市场功能及组织因素。

1. 产品因素

(1)产品特殊性会影响使用电子市场为参与者带来的价值收益。由前文模型分析中可以得出:$\partial B/\partial\theta>0$,即电子市场为参与者带来的价值随着产品的可替代程度的上升而上升。因此当产品的可替代性低($\theta$ 较小),电子市场为企业带来的价值要低于可替代性高的产品,也就是通用性产品。Choudhury 等将产品特殊性定义为产品转换给他人的难易程度,包括位置专属性、实体资产专属与人力资源专属性。当资产的价值决定于是否能在特定时段内将其送达顾客手中,则此资产将具有时间专属性。由于专属性高的资产容易造成套牢的威胁,因此在交易过程中需有紧密的控制与协调,而倾向采用企业内部阶层式的交易方式。通过电子市场来购买特殊性强的,如定制化的产品所获得的收益要小于采购通用性的产品,即交易产品的标准化程度越高,加入电子市场获得的收益就越大。

(2)产品说明复杂度以及采购过程的复杂度会影响使用电子市场为参与者带来的价值收益。产品说明复杂度是指让潜在购买者做选择所需信息的复杂程度。当产品说明复杂度高时,所需花费的协调成本相对提升,此时交易进行也将倾向于采用企业内部阶层式的方式。因此企业对于产品说明复杂度愈高的产品,愈不倾向于通过电子市场进行采购。而产品说明复杂度较低的产品,则更容易通过电子市场来购买。Dai(2001)的研究亦指出产业间的产品规格是影响使用电子市场的重要因素,若产业间的商品规格不够明确或是商品规格太复杂会使得对电子市场的采用形成障碍,因为当选择产品的过程很复杂时专家的建议可以节省很多时间。但是,如果电子市场可以为企业提供特别的流程或者服务,将复杂的产品描述通过程序固定,则可以将市场交易的成本降至最低,电子市场可以为该采购带来高收益。因此,电子市场是否能为采购复杂度高的产品带来收益,取决于电子市场类型与功能。

(3)产品价值会影响使用电子市场为参与者带来的收益。产品价值衡量,取决于该产品在购买者心目中的重要程度。产品的价值愈高,在电子市场的使用上，可以降低价格的弹性也就愈大；反之，价值低的产品若使用电子市场来购物，所需额外附加的成本（如运费、网络费用）可能高于产品本身的价格，那么采用电子市场来进行交易带来的收益也会较低。

2. 电子市场功能因素

电子市场的功能范围会影响使用电子市场为参与者带来的收益。电子市场的功能，包括确认、选择、执行等。顾客借助网络可立即得知任何厂商及厂商的相关产品资料，因此容易寻找潜在交易伙伴，进而锁定目标客户即为确认阶段。有了目标的确认后，进而提供价格、产品信息给买方，由于价格、产品透明化机制，使得买方可直接在网络上进行比价，此乃提供选择机制。最后，电子市场可以透过信息交流，协助买方及卖方完成交易，完成交易的动作称为执行阶段。不同的电子市场提供的价格搜索功能以及交易双方交流协作的工具都会有所不同，提高辅助工具的实用性及易用性有助于提高电子市场的价值。

除了传统市场功能外电子市场必须能提供更多的附加价值才能吸引更多的买卖双方加入。电子市场的功能应包含传统市场功能、满足管理的需求、提供买卖双方建立合作机制的管道、具有信息流整合的功能、提供技术上的支持，使得买方与卖方在使用电子市场上不会有障碍。电子市场的功能提升将会影响企业参与电子市场的意愿，交易市场中参与者越多，其网络外部性越大，可供参与者选择的交易对象越多，其获得低价的可能越大。因此，电子市场功能范围越大，越容易增加电子市场为客户带来的收益。

# 第六章　电子市场应用影响因素的实证分析

由上文所述,毫无疑问,电子市场可以为参与企业带来价值,帮助企业降低市场交易费用。电子市场的生存和发展需要大量企业的参与,电子市场规模越大,对企业的价值越大,电子市场对企业的价值越大,其规模也会越大,两者之间遵循正反馈机制,相反的情况会使电子市场规模缩小甚至无法继续存在,电子市场要突破临界规模才能继续生存。但是电子市场是网络经济下出现的新事物,作为一项新技术,是否能够被企业接受采纳,还受到其他若干因素的影响。

Laseter 等(2001)指出,2001 年美国有 2200 多家电子市场,Andrew White 等(2007)发现,2006 年中期仅有 700 多家电子市场还在运行,很多研究认为相对较低的电子市场采用率引起了电子市场的衰落,很多的电子市场因为难以吸引足够的采用者和交易量来维持运营而被迫关闭或者收购。《中国行业电子商务网站调查报告》显示目前我国电子商务网站已超过 2000 家,电子市场正在蓬勃发展。虽然作为电子市场平台代表企业阿里巴巴的会员数量近年来呈快速上升趋势,但是从绝对值而言,参与到电子平台中来的企业占我国总体企业数的比例依然非常低。

IResearch 的《2007 - 2008 中国 B2B 电子商务发展报告》数据表明中小企业是我国电子市场的主要参与者,其总体采用率仅为 8%,很多行业的电子市场刚刚起步,参与率更低。所以,研究企业参与电子市场的影响因素对电子市场发展以及企业发展都具有重要意义。

## 6.1 影响电子市场应用因素

影响企业使用电子市场的主要因素有:组织内部因素、电子市场因素、外在背景环境因素。电子市场的因素部分,包括电子市场的功能范围、电子市场用户数量等;组织因素包括企业规模大小、信息技术能力、高阶管理者的承诺等,而环境因素包括市场特性、供货商的特性、产业中同业的模仿、产业使用电子市场的经验等。

**(一)组织内部因素**

组织内部因素具体包括内部动机、学习动机、企业规模、用户态度、高层领导人支持、技术能力等。因为这些因素与一个企业组织本身有关,所以被归为组织内部因素。

(1)企业组织规模大小会影响使用电子市场的程度。小公司在许多方面与大公司有显著的差异,如:经营模式、生产程序、可用资本、采购实务、库存系统及谈判实力等。小型公司在导入电子市场时,可能会有资源较贫乏、财务资源分配不当、缺乏专业人力资源,及管理决策应对激烈竞争环境的时间限制等问题。规模较小的公司,由于只和少数几家供货商交易,导入电子市场之效益并不明显,对于电子市场使用的动机不大;反之,规模大的公司因交易量大且合作厂商多,跨组织信息系统的效益较显著,且大型企业因交易量大且合作厂商多,产业龙头可以靠着本身强大的购买力,及所拥有较充沛的资源及其他相关的优势,来针对产品的生产,经营专属的电子市场网络,以加强市场的推广、建设工作,提高经营效益。大型企业容易借由整合小型企业而获得效益。但是,另有观点认为,电子市场对企业的大小没有歧视,因而规模较小的买方和卖方能够更有效地参与竞争。小型企业亦能从高效率的电子商务中获益,而无须具备电子资料交换系统或商用网络所要求的大规模信息技术。因此,组织规模大小对组织引进不同信息技术有不同的影响情况，所以电子市场的使用与组织规模大小的关系如何，还有待研究。

（2）企业信息技术能力会影响使用电子市场。一个企业现有的IT能力直接影响它的电子市场采用决策[1]。如果说内部需求因素影响企业电子市场采用的动机，那么技术能力直接制约了一个企业采用电子市场的能力。如果一个企业有着良好的IT基础设施，拥有配套的软件、硬件和网络设施，而且企业员工对计算机和网络操作比较熟悉，那么他采用电子市场就比较方便。相反，如果一个企业没有电脑和网络，那么加入电子市场就比较困难。组织信息技术能力愈高，愈能加速导入电子市场，或者阻止主要竞争对手占据整个电子市场优势；反之，组织信息技术能力若不具有一定程度，将导致无法发挥电子市场应有的功能，将减缓对电子市场的使用。

（3）高层管理者的支持力度会影响买方使用电子市场。企业在导入电子数据交换（EDI）时，必须获得高层管理者的支持，以加速EDI的建设工作。因此企业在导入电子市场时，必须也要能获得高层主管的主动支持，有高层管理者的支持会使得经营团队达成共识，增强凝聚力。所以获得高层管理者的承诺，不但有利于公司内部资源的获得，更有助于排除电子市场建设的障碍。

（4）学习动机。Grewal（2001）认为有的企业加入电子市场是处于一种学习动机。在现有的竞争环境下，企业必须对有前景的创新保持警惕性，它们学习这些创新活动的知识，以免在这些创新活动普遍被人们接受时显得过于迟缓而失去竞争优势。学习关于这些创新活动知识的最好办法就是采用电子市场，即所谓的边干边学（Learning by Doing）。这种采用可能只是小规模的采用。比如注册某一家电子市场但却只在上边做少量的交易活动。其目的是观察电子市场发展的最新动态，它的竞争对手在该电子市场上面

---

[1] Subramainam C，M J Shaw，A Study on the Value and Impact of B2B E-commerce：The Case of Web-based Procurement，International Journal of Electronic Commerce，2002，6（4），122－143.

有些什么活动,以及该电子市场到底能为本企业带来何种好处。

处于学习动机采用电子市场的企业一般有两种结果,一种是处于对电子市场的失望而停止使用电子市场;另一种是对电子市场上的交易结果很满意,从而扩大对电子市场的使用。

**(二)电子市场因素**

在研究电子市场的采用时,电子市场本身是一个不可忽略的主题。电子市场的功能、质量如何,有何特殊性都会影响到潜在用户对电子市场的看法。电子市场因素包括:电子市场功能、信任、电子市场参与者数量等。

(1)电子市场的功能范围会影响买方使用电子市场。电子市场的功能,包括确认、选择、执行等。顾客借助网络可立即得知任何厂商及厂商的相关产品资料,因此容易寻找潜在交易伙伴,进而锁定目标客户即为确认阶段。有了目标的确认后,进而提供价格、产品信息给买方,由于价格、产品透明化机制,使得买方可直接在网络上进行比价,此乃提供选择机制。最后,电子市场可以透过信息交流,协助买方及卖方完成交易,完成交易的动作称为执行阶段。除了传统市场功能外电子市场必须能提供更多的附加价值才能吸引更多的买卖双方加入。电子市场的功能应包含传统市场功能、满足管理的需求、提供买卖双方建立合作机制的管道、具有信息流整合的功能、提供技术上的支持,使得买方与卖方在使用电子市场上不会有障碍。电子市场的功能提升将会影响买方使用电子市场的意愿。因此,电子市场功能范围愈大,愈容易增加买方对电子市场的使用。

(2)电子市场用户数量

电子市场用户的数量与潜在用户的参与动机成正比,这是由电子市场的特性、网络外部性引起的。网络外部性是指一个系统的价值随着使用人数的增多而增加。电话就是一个典型的网络外部性的例子。当越来越多的人用电话时,电话的价值就越来越大了,因为一个人可以用电话联络更多的人。电话的价值越大,愿意采用电话的人就越多。同时当一个人决定加入某一电话网时候,他也会选择大多数人都在用的电话网。

电子市场的采用也是一个道理。电子市场的用户越多,电子市场的价值越大,企业也就越愿意采用该电子市场。当买者决定是否加入某一电子市场时,他会考察电子市场有多少供应商。供应商太少的话,买者会认为加入电子市场意义不大。同样,当一个供应商决定是否加入某一电子市场时,他会考察电子市场有多少买者,买者不多,他加入该电子市场的动机也就不高。而对于一个大的电子市场来讲,基于网络外部性,其价值自动增值,致使更多的企业加入这个电子市场,从而形成一个良性循环。要跳出这个恶性循环,走上良性循环之路,就必须突破一定的临界点。所以电子市场应用范围从小到大的发展过程是有阶段性的,只有突破一定的临界点才可能进入良性循环,这也是很多电子市场想方设法吸引大的企业加入(以交易量来体现的临界点),从而达到良性循环。

(3)电子市场的质量

电子市场本身质量的高低是其是否吸引更多企业参与的一个重要因素。电子市场质量包括电子市场数据库的质量和网站的建设质量。

电子市场数据库的质量高低是影响企业决定是否加入一个电子市场的重要影响因素。一般来讲,电子数据库的质量越高,能提供给用户的价值就越高,用户会越愿意加入到该电子市场中来。电子数据库的质量包括:数据库中的商品数量;搜索的结果是否足够多,足够准确;商品的描述是否足够多;商品的质量是否足够高等。

(4)所有权结构

电子市场的所有权结构在电子市场用户的采用决策中起了重要的作用。电子市场按照所有权结构来分类,可以分为第三方电子市场、行业领导企业集团建的电子市场以及私有电子市场。后两者被称为“有偏向的电子市场”,独立的电子市场经常被看做中立的电子市场,也称为“无偏电子市场”。一般而言,企业会愿意加入中立的电子市场而不愿意加入“有偏向的电子市场”,因为“有偏向的电子市场”可能会在更大程度上为建立电子市场的企业利益服务,未拥有所有权的企业会在该市场上处于劣势,这样会减少企业参与这个电子市场的动机。

**(三)外在背景环境因素**

(1)供货商的特性会影响使用电子市场。企业在导入 EDI 时会面临到多数与该公司合作的战略伙伴也必须进行系统的建设,但这样的费用不是每一个供货商都负担得起。交易伙伴的关系愈紧密,其愿意进入电子市场的意愿愈高。供货商本身组织规模大小或是管理风格、产业范畴等对于电子市场使用的影响有待进一步证实。

(2)产业中同行业沟通与信息传播促成的模仿行为会影响买方使用电子市场。Santos 等研究了 ATM 在金融产业中的扩散现象。他们的实证资料分析显示,在 ATM 问世初期,供货商的推广策略及行动对 ATM 的扩散快慢有相当程度的影响。然而随着 ATM 的逐渐普及。ATM 是否能持续快速扩散,相当程度取决于银行之间的沟通与信息传播所促成的模仿行为。同时,中小企业的竞争压力愈大其进入电子市场的意愿愈高。同行业中的沟通与信息传播所促成的模仿行为会影响买方使用电子市场。

(3)产业使用电子市场之经验会影响使用电子市场。产业经验会影响企业对于高科技的导入,组织欲采用新技术时,若技术成熟度较高,或与过去投资的技术兼容(技术累积较高、技术负担低),则整合后的可能综合效益将促使组织采用,并普及实施该技术;反之,若该技术尚未成熟,或是与过去累积的技术不兼容时,组织可能会缺乏积极采用与实施的意愿(技术累积较低、技术负担高)。因此企业以往的使用经验若得以有效累积与保存,再加以传承,可以减少重新导入、执行、决策繁复过程,达到快速反应需求,因此企业过去参与科技项目之经验愈丰富,愈有利于电子市场的加速推广。

## 6.2 假设的提出

在本部分中,我们着重研究影响企业应用电子市场的环境因素、组织因素,如下图 6-1 所示。电子市场要素对企业是否应用电子市场也非常重要，但是不同的电子市场属性各不相同，在功能、用户数量、所有权结构等各方面都存在差异，我们希望通过下面的实证分析来了解哪些因素在决定企业是否选择应用电子市场这一新型的市场制度，并不关注不同电子市场内部的差异及其带来的影响，所以我们下面的研究中不考虑电子市场本身的因素。

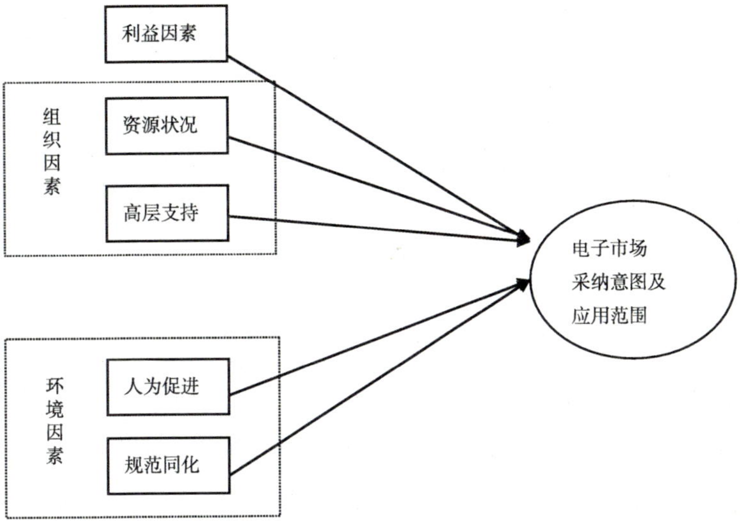


**图 6－1　电子市场采纳意图及应用范围影响因素**

1. 利益因素

利益因素或者称为“有用性”，在创新扩散理论中也称为“相对优势”。其中“相对”的含义指采用与不采用进行对比，或者说采用这个技术和其他技术相对比，如与现有的技术、或其他潜在技术等。“优势”的表现在于技术的潜在利益。企业所感受到的电子市场的“有用性”是采用电子市场的内在动力源泉。这个内部动机一般是为了提高企业的运营效率。电子市场可以在多方面提高企业运营效率，比如，帮助企业寻找新的买者或者卖者，减少交易伙伴搜寻成本，减少交易成本，减少自动化交易操作成本，减少交易错误，将购买人员从日常购买活动中解放出来，使他们有时间从事一些更具生产力的活动，减少 IT 投资，增大 IT 投资的兼容性等。如果企业认为电子市场能够帮助他们提高购买效率和运营效率,他们就会愿意采用电子市场,如果感受到的有用性越高,则应用电子市场的范围会越广。但是电子市场上的信息不对称现象依然存在,尤其是产生身份的不易识别性导致买方对产品的质量更难把握。因此,如果企业感受到的电子市场风险越大,则应用电子市场的动机越弱,电子市场的应用范围也越小。

因此,我们做出假设:

H1 企业能感知到的电子市场价值与 B2B 电子市场采纳意图及应用范围呈正相关。

H2 企业能感知到的电子市场风险与 B2B 电子市场采纳意图及应用范围呈负相关。

2. 组织因素

(1)资源状况

从可行性条件方面考虑,需要考虑的因素是:企业组织拥有的财力资源状况、企业目前已经达到的 IT 能力水平。另外从资源基础理论看,企业是在一定基础上进行竞争生存,企业的运作需要资源,这些资源指有价值的、稀有的、难以模仿的、不可替代的资源❶(Barney,1991)。这些资源可以是资产、能力、过程、企业属性、信息、知识等形式,企业通过对这些资源的掌控实现企业目标。这些资源可以是有形的(如:财力资源、材料资源、设备资源)也可以是无形的(如:文化、忠诚度、形象、能力)等。在诸多 EDI 研究中提到了 IT 能力因素❷❸❶,如 Ramamurthy(1995)、Chwelos(2001)、Grover(1993)、Premkumar(1995)、Chau(1997)。而另一个对创新采纳具有重要作用的变量

---

❶ Barney, J., Firm Resources and Sustained Competitive Advantage[J], Journal of Management, 1991, 17(1), 99 - 120.

❷ Ramamurthy, K., Premkumar, G. Determinants and Outcomes of Electronic Data Interchange Diffusion[J], IEEE Trasactions on Engineering Management, 1995, 42(4), 332 - 351.

❸ Grover, V., Fiedler, K., Teng J., Empirical Evidence on Swanson's Tri - core Model of Information Systems Innovation[J], Information Systems Research, 1997, 8(3), 273 - 287.

❶ Chwelos, P., Benasat, I., Dexter, A. S., Reasearch Report: Empirical Test of an EDI Adoption Model[J], Information Systems Research, 2001, 12(3), 304 - 321.

因素是可用财力资源，通常以可用的剩余的财力资源表示[1]（slack），如：Chwelos（2001）、Ramamurthy（1999）的研究。

财力资源丰富的企业具有更高的实现投资的可能性，因此财力资源和企业的采纳意图具有正相关关系。在具备丰富财力资源的前提下，实施信息系统，还依赖于企业的IT团队以及企业总体上对IT类应用的实施经验积累，以及基础设施状况，在这里，统称为企业的IT能力。IT能力越强的企业，一方面具有了解B2B电子市场利益的能力，因此具有对IT创新的实施进行有效分析的能力，另一方面现有的丰富的基础设施为新应用的实施提供了物质基础，同时对过去的基础设施应用的经历，形成了使用信息技术的经验，因此在实施过程中具有保障和促进作用。关于经验的作用，不单单由于员工的个人经验，还是因为整个IT团队的经验，他们是信息系统的实际实施者，依靠这些经验，可以为顺畅地解决实施过程中可能遇到的各种问题提供保障作用。

总结以上观点，我们形成假设：

H3：企业财力资源状况，与B2B电子商务的采纳意图及应用范围呈正相关。

H4：企业IT能力状况，与B2B电子商务的采纳意图及应用范围呈正相关。

（2）高层支持

由于企业的决策权在高层，高层的意图自然会反映到企业整体的意图，因此在众多文献中验证了高层支持与信息系统成功之间的密切关系。采纳虽然发生在实施之前，但高层的显著作用依然会非常明显。在EDI研究丰富的文献中，高层支持因素多次被认为是重要的影响因素。

[1] Ramamurthy，K.，Premkumar，G.，Organizational and Inter-organizational Determinants of EDI Diffusion and Organizational Performance：A Causal Model[J]，Journal of Organizational Computing and Electronic Commerce，1999，9（4），253－285.

在众多研究中，高层支持及偏好被作为重要的采纳行为影响变量，[1][2]如 Premkumar(1995)、Ramamurthy(1995)、Chatterjee(2002)的研究。其中 Ramamurthy(1995)的研究发现高层支持与采纳并不相关，而 Premkumar(1995)、Chatterjee(2002)则发现高层支持因素的影响力相当显著。对于这种矛盾现象，需要我们在 B2B 环境下继续验证。高层对信息系统的偏好倾向或支持程度，一方面是直接表现在企业的决策过程；另一方面，企业高层的言行将会影响企业员工在行动中所使用的解释框架，影响到员工对 IT 的关注程度，从而造成企业整体的 IT 偏好倾向；最后企业高层拥有的权力将影响到企业财力的划拨、IT 部门的地位等因素。高层对 IT 类项目的关注和支持，相关财力资源将会相对丰富，因此具有了使用新技术的可能。

根据以上依据，我们可以提出以下假设：

H5：高层对 IT 项目的支持，与电子市场采纳意图应用范围呈正相关。

3. 环境因素

(1)人为促进

Burn(1995)[3]研究发现，亚洲许多企业 EDI 的成功与政府支持和企业文化相关，例如在新加坡，政府提供大部分项目培训和其他相关的经费支持；Tco(1998)[4]对新加坡 TradeNet 的研究中发现政府的显著作用。Gibbs, Kraemer and Dedrick(2002)[5]指出，政府政策会影响政府信息技术的创新，政府通过相关政策优惠或产业政策的调整，鼓励企业采用新技术，包括电子商务

---

[1] Ramamurthy, K., Premkumar, G. Determinants and Outcomes of Electronic Data Interchange Diffusion [J], IEEE Trasactions on Engineering Management, 1995, 42(4), 332-351.

[2] Chatterjee, D., Grewal, R., Sambamurthy, V., Shaping Up for E-commerce: Institutional Enablers of the Organizational Assimilation of Web Technologies[J], Mis Quarterly, 2002, 26(2), 65-89.

[3] Burn, J. M., The New Cultural Revolution: The Impact of EDI on Asia. Journ al of Global Information-Management, 1995, 3(4): 16-23.

[4] Tco H., Tan. B. C., Wei, K. Organizational Transformation Using Electronic Data Interchange: the Case of Tradenet in Singapore, Journal of Management Information Systems, 1997, 13(4), 139-165.

[5] Jennifer Gibbs, Kenneth L. Kraemer and Jason Dedrick, Environment and Policy Factors Shaping E-commerce Diffusion: A Cross-Country Comparison, 2002, UC Irvine: Center for Research on Information Technology and Organizations. Retrieved from: http://www.escholarship.org/uc/item/2x73003z.

的应用。无论是在发展中国家还是发达国家,政府的积极参与会有助于企业采用 B2B 电子商务,特别是在相关法律制度尚不完善的情况下,政府发挥着非常重要的作用。政府的强大作用现象在中国更加明显,原因是中国存在大量国有企业,他们的行为在受政府政策的影响力较大。另外中国传统文化概念中,政府的地位居于社会较高层,因此政府的政策方向通常对社会成员具有极强的指导作用。还有一点是,部分法律保护措施方面尚不够健全,因此对于人治具有一定依赖性,从而形成依赖于政府政策管束的现实。

因此我们做出假设:

H6:人为促进的努力,与 B2B 电子市场采纳意图及应用范围呈正相关。

(2)规范同化

对来自于环境的压力,从总体上可以分为两类:一类是没有具体权力关系操控者的环境因素,主要是指作为客观的社会行为常态的“规范因素”。另一类是具有明确权力关系操控者的“人为促进”因素,互动者必须要在同一时间段的空间内“同时在场”才能具有影响力,如强势伙伴、政府机构、行业协会等。

对于 B2B 电子市场,规范化压力,指来自采纳者对社会上电子市场采纳趋势的判断,所谓采纳行为的规范化,就是被社会所接受、认可、成为合乎正统的行为模式。这些规范化的压力,来自采纳者所参与的运作环境,包括竞争者群体、供应商群体、客户群体、信息媒介等方面。环境压力其中一个方面是行业的竞争压力。研究发现,行业的竞争压力对企业信息技术采用行为有影响。Pofer 和 Miliar(1985)研究了行业竞争与信息系统采用间的战略关系,指出企业会面临行业领先企业、供应者及消费者的压力而进行信息系统的创新;Dyer,Cho 和 Chu(1998)研究了大型汽车制造商如何迫使其零件供应商采用特定供应链系统的情况[1];Shore(2001)也指出,在市场竞争激烈

[1] Dyer. J. ,Cho. D. and Chu,W. ,Strategic supplier segmentation: the next “best practice” in supply chain management? California Management Review,1998,40(2),57 – 77.

的情况下，可能会采用 B2B 电子市场，以获得竞争优势。因此，当企业面临行业竞争压力越大，也就越有可能采用 B2B 电子市场。

因此，我们做出假设：

H7：规范同化与企业应用 B2B 电子市场采纳意图及应用范围呈正相关。

综上所述，假设设定可以描述为图 6－2 所示。

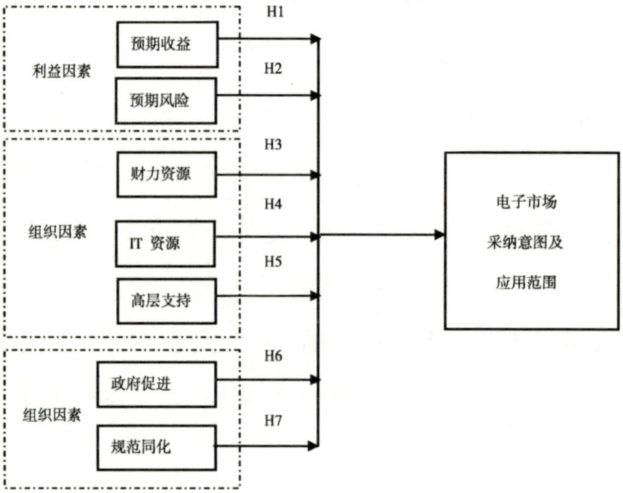


**图 6－2　电子市场采纳意图及应用范围假设设定**

## 6.3 研究方法

问卷设计中需要注意问卷有效性问题，按照 Venkatraman（1986）的建议，MIS 领域问卷设计需要注意以下 3 个方面：（1）每个变量需要采用多个测量项进行测量且需要具有高度概括性，尽量避免使用单个问题进行测量，即需要多角检验。（2）变量的各个测量项之间需要保证内部一致性，一个变量的多个测量项所得到的结果应相近，通常以 Cronbach's Alpha 衡量，即测量信度。（3）变量的各个测量项与变量所针对的概念含义必须一致，所测的必须是所需测的，即效度，包括内容效度、收敛效度、区别效度。

本调研问卷中，绝大多数变量的测量，使用了3个或3个以上的测量项，符合Venkatraman(1986)所提出的多角测量的标准。为了保证测量的有效性，还需进一步进行信度测试、内容效度评价及构念效度测试。

在调研研究中的测量项大多数来自于组织研究和信息系统研究领域的经典研究文献，尽量采用具有较高声誉的学术期刊中所采用的并被验证过的测量方法。目的是提高变量测量的有效性、可靠性以及与相关研究领域的其他研究保持继承性和可比较性 。

在调查问卷中，包括了前面因素模型所包含的所有的所需测量的变量及相对应的测量项。问卷回答者根据对各个测量项所对应的表述进行赞同程度的判断，并按照从强烈不同意到强烈同意的5点划分方法，进行选择。我们尽量用3个以上的测量项来测定每个变量，以避免测量的偏差。

(1)预期的收益与风险

预期收益的测量条目主要来源于关于电子市场文献的总结。[1][2][3][4][5]

(Bakos1991,1997,1998; Barratt and Rosdahl,2002; Bloch and Catfolis,2001; Brun etal. ,2002; Chircu and Kauffman,2000; Evan and Wurster,1999; Kauffman and Walden,2001;Malone et al. ,1987)

[1] Mark Barratt, and Karsten Rosdahl, Exploring business-to-business marketsites, European Journal of Purchasing & Supply Management, 2002, 8(2), 111－122.

[2] Nicolas Bloch and Thierry Catfolis, B2B E-Marketplaces: How to Succeed, Business Strategy Review, 2003, 12(3), 20－28.

[3] Burn, J. M., The New Cultural Revolution: The Impact of EDI on Asia. Journ al of Global Information-Management, 1995, 3(4): 16－23.

[4] Alina M. Chircu, Robert J. Kauffman, Limits to Value in Electronic Commerce-Related IT Investments, Journal of Management Information Systems, 2000(fall), 17(2), 59－80.

[5] Philip Evants and Thomas S. Wurster, Getting Real About Virtual Commerce, Harvard Business Review, 1999, 11, 85－97.

预期风险的测量条目也主要来源于电子采购及电子市场文献。[1][2][3][4] (Lim and Abell,1996;Brunn et al.,2002;Davila et al.,2003;Goldsby and Eckert,2003;Purao and Campbell,1998)

(2)组织因素

财力资源:在文献中发现,测定财力资源的研究者有:Wang (2001)[5]、Nelson[6](2004)、Chwelos[7](2001)。其中 Wang(2001)的量表在含义上与我们的定义相符合,因此这里主要采用 Wang(2001)对财力资源的测定量表。其量表具有良好的信度和效度,Cronbach's Alpha 值为 0.89。

IT 能力现状:在文献中发现,测定技术能力的研究者有:Wang (2001)、Ramamurthy[8](1995)、Kuan[9](2002)。其中 Wang (2001)的量表在含义上与我们的定义相符,因此这里主要采用 Wang(2001)对 IT 能力资源的测定量表。其量表具有良好的信度和效度,Cronbach's Alpha 值为 0.88。

高层支持:在文献中发现,测定高层支持的研究者有:Soliman[10](2000)、

---

[1] Lim Leon and Abell Walter, Business use of the internet in New Zealand : an exploratory study, Applied Computing Research Report series, 1996, 9(2), 72 – 88.

[2] Burn, J. M., The New Cultural Revolution: The Impact of EDI on Asia. Journal of Global Information-Management, 1995, 3(4): 16 – 23.

[3] Goldsby, Thomas J.; Eckert, James A., Electronic transportation marketplaces: a transaction cost perspective, Industrial Marketing Management, 2003, Vol. 32, p187 – 198.

[4] Sandeep Purao, Brant Campbell, Critical Concerns for Small Business Electronic Commerce: Some Reflections Based on Interviews of Small Business Owners, AMCIS 1998 Proceedings, 1998, Paper 111.

[5] Wang, S. C., Individual Organizational Characteristics and Intention to Adopt E-commerce: a Study Based on Innovation Adoption Theory, Chinese University of Hong Kong, 2001.

[6] Nelson M. L., The Adoption and Diffusion of Inter-organizational System Standards and Process Innovations, Doctorial Dissertation, University of Illinois at Urbana Champaign, 2004.

[7] Chwelos, P., Benasat, I., Dexter, A. S., Reaseach Report: Empirical Test of an EDI Adoption Model, Information System Reasearch, 2001, 12(3), 304 – 321.

[8] Ramamurthy, K., Premkumar, G. Determinants and Outcomes of Electronic Data Interchange Diffusion, IEEE Trasactions on Engineering Management, 1995, 42(4), 332 – 351.

[9] Kuan, K. K. Y., Chau, P. Y. K., A Perception-based Model for EDI Adoption in Small Business Using a Technology-Organization-Environment Framework, Information and Management, 2001, 38(8), 507 – 521.

[10] Soliman K. S., Determining the Critical Factors Affecting the Adoption Decision of Internet-based Interorganizational Information Systems, Doctorial Dissertation, University of Memphis, 2000.

Chatterjee[1](2002)。其中 Soliman(2000)的量表在含义上与我们的定义相符合,因此主要采用 Soliman(2000)的量表。

(3)环境因素

政府促进:一般采用单项测量,如 Wang(2001)。Kuan(2001)的量表,过于侧重强调政府的强制作用,与我们的研究不相符合,故未采用。这里使用的是蔡斌(2006)的政府影响量表,其 Cronbach's Alpha 值为 0.82。

竞争者应用影响因素与合作者应用影响因素也采用蔡斌(2006)所设计的量表,其 Cronbach's Alpha 值分别为 0.88 与 0.87。

## 6.4 数据分析

### 6.4.1 数据收集

预调研在南京大学商学院 2008MBA 秋季班学员中进行,采用受访者自填问卷的方式,共发放问卷 75 份,收回有效样卷 68 份,有效回收率为 91%。接下来我们对问卷进行了前测信度和效度检验。结果显示,前测问卷的 KMO 值为 0.913,累计方差解释度为 72.31%,并且通过了 Bartlett's 球形检验($p<0.000$),说明本研究的量表具有较好的内部一致信度和效度(调研问卷见附录)。

正式问卷的发放有两个渠道,一个是对南京大学的 MBA 学员进行调查。回收 152 份。另外在阿里巴巴论坛与会员交流,主要通过 E-mail 方式向阿里巴巴会员企业进行发放 352 份,回收 102 份,回收率为 28.9%。上述过程在 2009 年 2 月至 2009 年 4 月之间完成。

其中,MBA 学员回收的 152 份问卷中 132 份问卷显示,企业尚未进入 B2B 电子市场,我们选取这 132 份样本来进行企业采纳 B2B 电子市场意图

---

[1] Chatterjee, D., Grewal, R., Sambamurthy, V., Shaping Up for E-commerce: Institutional Enablers of the Organizational Assimilation of Web Technologies, Mis Quarterly, 2002, 26(2), 65 – 89.

的影响因素分析，而通过阿里巴巴论坛面向阿里巴巴会员所收回的 102 份问卷用于影响企业 B2B 电子市场应用范围的影响因素分析。

本研究样本选取注意了以下几个原则：第一样本对象在所在企业工作必须满 1 年，主要是考虑避免非本文所关注的一些不确定因素的干扰而影响调查分析的结果。初步检查提出被调查者身份不符合相关要求，企业状况不符合相关要求的问卷，以及剔除存在问题的问卷，实际得到有效问卷问卷 234 份，占全部回收问卷的 46.4%。

### 6.4.2 变量的描述统计

利用 SPSS16.0 对测量项进行计算，统计描述如表 6－1 所示。

**表 6－1　变量的统计描述**

| | 自变量 | Mean | Std. Deviation |
|---|---|---|---|
| 1 | 预期收益 | 4.1302 | 1.8643 |
| 2 | 预期风险 | 3.8232 | 1.1236 |
| 3 | 财力资源 | 3.7624 | 1.3298 |
| 4 | IIT 资源 | 3.3208 | 1.0323 |
| 5 | 高层支持 | 4.3328 | 0.9254 |
| 6 | 政府促进 | 3.0103 | 1.2039 |
| 7 | 规范同化 | 3.5398 | 1.1134 |
| 8 | 电子市场采纳意愿 | 2.5743 | 0.8238 |
| 9 | 应用电子市场范围 | 3.2482 | 1.7965 |

从统计描述可以粗略看出：企业对应用电子市场的预期收益要略高于预期风险，可见企业对于应用电子市场可获得的收益有较高的预期，猜测其原因，可能在于电子市场有多种形式，而在中国市场上第三方电子市场中介平台处于主导地位，作为以企业形式存在的电子市场，在降低风险方面进行了多项主动改进，比如：身份认证、信用评价等措施，并逐步开始得到其应用企业的认可，对风险降低起到了促进作用。尚未应用电子市场的企业总体采纳意图在各个样本之间变化均不大，猜测其原因，总体接受的意向较低，

大多数集中在低分段，拉不开差距。

### 6.4.3 信度与效度检验

为了保证假设检验的有效性，我们对调研数据进行了信度与效度的检验。首先我们使用了 SPSS16.0 软件对总体样本进行了探索性因子分析，并对结构的负荷矩阵进行了正交旋转，结果显示，正式量表的总体 KMO 值为 0.908，累积方差解释度为 74.12%，并通过了 Bartlett's 球形检验（$p < 0.000$），可以判断变量测量项目之间具有较好的会聚效度。

随后，我们以总体样本为例，对由 34 个观测变量构成的 7 个潜变量计算其信度系数 Cronbach's Alpha 值，结果显示 7 个潜变量的 Alpha 系数均明显高于 0.70 这一可接受的最小临界值，表明变量的测量具有较好的信度。

之后，我们利用 LISERL8.7 软件进行了验证性因子分析，结果表明各个观测变量在相应的潜变量上的标准化负荷系数均在 0.5 以上，并小于 1，而且因子载荷的 t 值从 7.02 ~ 17.13，全部通过 t 检验，在 $p < 0.001$ 水平上显著。这说明本研究的各变量具有充分的收敛效度。

表 6－2　变量的信度与效度检验

| 构念 | 指标 | 标准负荷 | 误差方差 | t 值 | Cronbach's Alpha |
|---|---|---|---|---|---|
| 预期收益（PP） | PP1 | 0.72 | 0.27 | 11.25*** | 0.90 |
| | PP2 | 0.69 | 0.52 | 11.23*** | |
| | PP3 | 0.84 | 0.28 | 15.27*** | |
| | PP4 | 0.88 | 0.26 | 16.46*** | |
| | PP5 | 0.89 | 0.26 | 16.54*** | |
| | PP6 | 0.73 | 0.37 | 10.53*** | |
| | PP7 | 0.75 | 0.31 | 10.66*** | |
| | PP8 | 0.66 | 0.24 | 9.93*** | |

续 表

| | | | | | |
|---|---|---|---|---|---|
| 预期风险(PR) | PR1 | 0.85 | 0.26 | 14.84*** | 0.78 |
| | PR2 | 0.93 | 0.15 | 15.66*** | |
| | PR3 | 0.82 | 0.31 | 13.53*** | |
| | PR4 | 0.66 | 0.21 | 10.24*** | |
| | PR5 | 0.83 | 0.36 | 11.56*** | |
| 财力资源(RF) | RF1 | 0.84 | 0.29 | 15.43*** | 0.84 |
| | RF2 | 0.81 | 0.37 | 13.45*** | |
| | RF3 | 0.83 | 0.36 | 12.12*** | |
| IT资源(RI) | RI1 | 0.68 | 0.56 | 10.79*** | 0.89 |
| | RI2 | 0.81 | 0.34 | 12.67*** | |
| | RI3 | 0.86 | 0.23 | 15.11*** | |
| | RI4 | 0.83 | 0.23 | 16.32*** | |
| | RI5 | 0.85 | 0.24 | 16.48*** | |
| | RI6 | 0.86 | 0.29 | 16.31*** | |
| 高层支持(SP) | SP1 | 0.93 | 0.17 | 18.32*** | 0.82 |
| | SP2 | 0.82 | 0.36 | 13.21*** | |
| | SP3 | 0.84 | 0.32 | 12.26*** | |
| 政府促进(PG) | PG1 | 0.82 | 0.26 | 12.50*** | 0.86 |
| | PG2 | 0.69 | 0.62 | 12.32*** | |
| | PG3 | 0.81 | 0.42 | 13.28*** | |
| 规范同化(CA) | CA1 | 0.82 | 0.31 | 16.24*** | 0.78 |
| | CA2 | 0.85 | 0.22 | 15.12*** | |
| | CA3 | 0.83 | 0.28 | 13.29*** | |
| | CA4 | 0.78 | 0.32 | 11.43*** | |
| | CA5 | 0.86 | 0.30 | 15.39*** | |
| | CA6 | 0.83 | 0.25 | 14.58*** | |

### 6.4.4 研究假设的检验

表6-3显示的是所有变量的相关系数矩阵。可以看出,RF与RI,PG与CA显著相关,同时各变量与电子市场使用范围相关方向与假设也相符。

表 6-3 变量相关系数矩阵

| | EME | PP | PR | RF | RI | SP | PG | CA |
|---|---|---|---|---|---|---|---|---|
| EME | 1 | | | | | | | |
| PP | 0.63*** | 1 | | | | | | |
| PR | -0.12 | -0.25** | 1 | | | | | |
| RF | 0.28** | 0.38*** | -0.12 | 1 | | | | |
| RI | 0.23** | 0.35*** | -0.16* | 0.62*** | 1 | | | |
| SP | 0.12 | 0.20** | -0.08 | 0.16* | 0.19** | 1 | | |
| PG | 0.64*** | 0.50*** | -0.15* | 0.20** | 0.23** | 0.12 | 1 | |
| CA | 0.70*** | 0.61*** | -0.22** | 0.28** | 0.30** | 0.29** | 0.59*** | 1 |

为了进一步检验多重共线性，我们报告了方差膨胀因子 VIFs（Variance Inflation Factors），如表 6-4 所示。所有变量的 VIFs 值都小于 10，这表明了没有严重的多重共线性问题（Mason and Perreault，1991）。因此，所有多重共线性都在允许的可接受范围之内。

分别以企业采纳 B2B 电子市场意图和企业应用 B2B 电子市场范围为因变量，以预期收益、预期风险、财力资源、IT 资源、高层资源、政府促进及规范同化为自变量，进行多元回归分析，结果如表 6-4 所示。

表 6-4 回归分析结果

被解释变量：电子市场采纳意向及应用范围

| 假设 | 自变量 | 采纳意向（n=123） | 应用范围（n=102） |
|---|---|---|---|
| 1 | 预期（感知）收益 | 0.31**<br>(0.09)<br>(2.25) | 0.25**<br>(0.12)<br>(2.20) |
| 2 | 预期（感知）风险 | -0.27**<br>(0.10)<br>(2.66) | -0.08<br>(0.12)<br>(2.70) |
| 3 | 财力资源 | 0.03<br>(0.07)<br>(1.34) | -0.04<br>(0.10)<br>(1.59) |

续 表

| 4 | IT 资源 | 0.07<br>(0.09)<br>(2.06) | 0.09<br>(0.12)<br>(2.23) |
|---|---|---|---|
| 5 | 高层支持 | 0.08<br>(0.07)<br>(1.36) | 0.06<br>(0.10)<br>(1.58) |
| 6 | 政府促进 | 0.28** <br>(0.07)<br>(1.40) | 0.26** <br>(0.09)<br>(1.38) |
| 7 | 规范同化 | 0.46*** <br>(0.09)<br>(1.32) | 0.37*** <br>(0.08)<br>(1.24) |
|  | R-squared | 0.68 | 0.63 |
|  | F-statistic | 24.39*** | 15.27*** |

相关系数已经标准化；第一个括弧内的为标准差，第二个括弧内为 VIFs $*p<0.10$，$**p<0.05$，$***p<0.001$

R-squared 分别为 0.68 和 0.63，说明这 8 个因素对 B2B 电子市场采纳意愿及应用范围的形成有决定性作用，贡献程度为 0.68 和 0.63。

如表 6-4 所示，在所有参数中，预期收益、预期风险、政府促进、规范同化对企业 B2B 电子市场采纳意图影响力显著。其中规范同化的显著性水平在 0.001。而预期收益、预期风险、政府促进的显著性水平在 0.05。在所有达到 0.05 显著性水平的因素中，路径系数均达到 0.2 以上，其中影响力最大的是规范同化，其他三个因素的影响力接近。

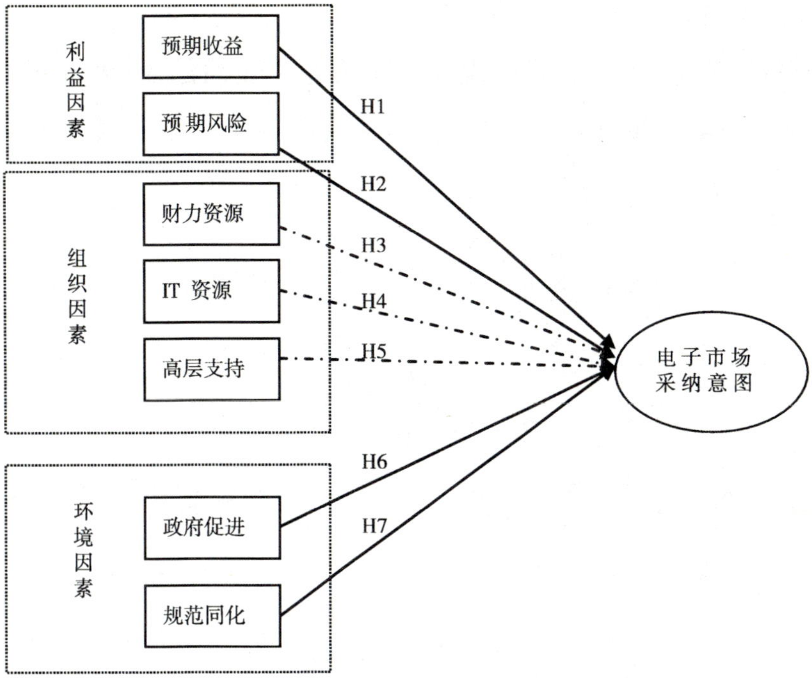


图 6－3　对 B2B 电子市场采纳影响因素的验证结果

其他因素，如财力资源、IT 资源、高层支持对 B2B 电子市场采纳意图的影响力水平并不显著。因此，假设 H1、H2、H6、H7 得到支持，而 H3、H4、H5 未得到支持，见图 6－3。

假设检验结果如表 6－5 所示。

表 6－5　企业采纳 B2B 电子市场意图影响因素的假设验证结果

| 层面 | 因素 | 原假设 | 验证结果 |
| --- | --- | --- | --- |
| 利益因素 | 预期收益 | H1 | 支持 |
| | 预期风险 | H2 | 支持 |
| 组织因素 | 财力资源 | H3 | 不支持 |
| | IT 资源 | H4 | 不支持 |
| | 高层支持 | H5 | 不支持 |
| 环境因素 | 政府支持 | H6 | 支持 |
| | 规范同化 | H7 | 支持 |

在对企业应用B2B电子市场应用范围的检验结果中可以发现，如表6-5所示，在所有参数中，感知收益、政府促进、规范同化对企业B2B电子市场应用范围影响力显著。

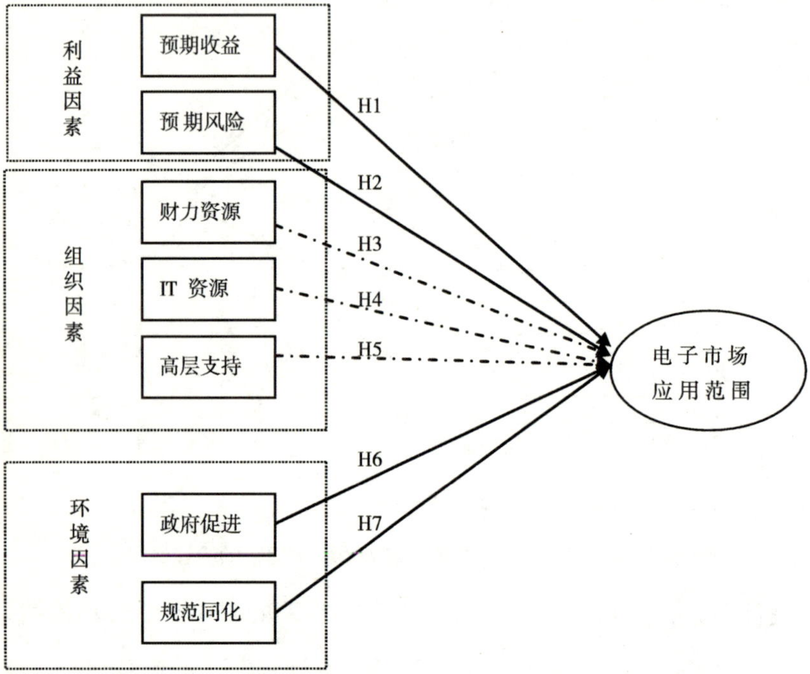


图6-4　对B2B电子市场应用范围影响因素的验证结果

其他因素，如财力资源，IT资源、高层支持对B2B电子市场采纳意图的影响力水平并不显著。因此，假设H1、H2、H6、H7得到支持，而H3、H4、H5未得到支持，如图6-4所示。

假设检验结果如下表6-6所示：

表6-6　企业应用B2B电子市场意图影响因素的假设验证结果

| 层面 | 因素 | 原假设 | 验证结果 |
|---|---|---|---|
| 利益因素 | 预期收益 | H1 | 支持 |
| | 预期风险 | H2 | 不支持 |
| 组织因素 | 财力资源 | H3 | 不支持 |
| | IT资源 | H4 | 不支持 |
| | 高层支持 | H5 | 不支持 |

续　表

| 环境因素 | 政府支持 | H6 | 支持 |
|---|---|---|---|
| | 规范同化 | H7 | 支持 |

## 6.5 研究结论

### 1. 体现了显著性的影响因素

具有显著性的影响因素,是指在一定显著性限定条件下看来"能成立"的变量间相关关系,严格来讲,仅仅意味着暂时看来,具有"难以被否认"的关系,但并不是绝对的证实。

(1)预期(感受)的收益及预期(感受)的风险

分析显示,企业能感知到的电子市场价值与企业 B2B 电子市场采纳意愿与应用范围均为显著正相关,其系数为 0.31 和 0.25,企业能预期的电子市场风险与企业 B2B 电子市场采纳意愿为显著负相关其系数为 -0.27,而感知的电子市场风险与企业 B2B 电子市场应用范围无明显影响。从理性决策的角度看,对新技术的利益与风险的感知所具有的显著影响力来自于决策者决策行为过程中所体现的内在的"经济理性",即企业能根据对目标创新技术所能带来的潜在经济利益与风险的评估进行采纳决策。其表现为:期望获得的、与创新技术相联系的经济利益与风险的平衡,能引起采纳行为产生所需要依赖的行为动机。

而企业感知的电子市场风险与应用范围负相关并不显著,说明在企业进入电子市场领域之后,其真实感受到的电子市场风险与预期之间存在差异。调研的企业所进入的电子市场为目前中国最大的电子商务平台阿里巴巴,而阿里巴巴作为完全独立的第三方电子市场平台运营企业,在为参与电子市场的会员企业提供了不断完善的风险规避方案,如包括对付费会员进行身份核实,在交易机制中引入支付宝和中间担保机制,与权威的仲裁机构合作,向会员推荐仲裁服务,启动信息审核机制等。已经参与到电子市场中来的企业在进行交易的过程中体验到降低了风险专业平台所提供的专业服务，并切实体会到风险的降低，这可能是感知风险与应用范围不显著相关的主要原因。

(2)规范同化及政府促进作用

分析显示，规范同化与政府促进与企业 B2B 电子市场的采纳意愿以及应用范围均为显著正相关。从规模效应的角度来看，业务群体内采纳者比例越高，越容易发挥规模效应，因此采纳获利的现实性较高。从制度理论的角度看，采纳者寻求与群体成员的一致性，意味着寻求合法身份。制度理论视角下的规范同化作用的影响力主要在于社会规范的潜在作用。企业作为所处的商业社会群体的参与者，首先需要获得一种合法化的身份，这种合法化身份首先表现在，与群体内其他成员在规范层次上保持一致，这些一致性的规范包括：(1)一致的行为规则，即该做什么，不该做什么，该怎么做，不该怎么做；(2)解释框架，即对现象、语言符号、行动的解读方法，以实现成员之间沟通所必需的共同知识。这些规范作为一种制度存在于社会群体中，群体的成员总是会自觉地寻求自己的行为方式与群体的行为方式规范之间的一致性，以取得作为该群体成员所需要的合法身份。

参与 B2B 电子市场可以看成是一种在商业社会中传播着的企业间交往的行为模式，当这种行为模式在既定的社会群体圈子内逐渐成为一种规范，那么该群体的成员就会倾向于广泛采用。而基于第三方中介的 B2B 电子市场进入方式简单，具有较强的可模仿性、可传递性，因此参与 B2B 电子市场作为一种行为规范所能表现出的规范同化作用尤为强烈，影响力非常显著。这种通过社会规范来传播的方式，在采纳曲线的第 3 阶段(先期大多数)尤为明显。

从制度理论的角度看，人为促进因素与规范同化因素略有不同，人为促进因素采用的通常是带有强制性质的方式，如奖惩权等。强制因素作用的发挥依赖于组织之间的权力关系。拥有相对强势权力的组织，尤其是政府对弱势企业的行为具有显著影响力。

政府因素的作用非常显著。原因是:(1)政府具有直接或间接的奖惩权,可以通过制定政策,使得跟从者获得奖励,而不跟从者将会受到某种形式的惩罚;(2)政府在中国的环境下对企业的实际调控能力较强,政府的调控作用通常明显,企业相信(或预期)其他企业也会在政府的促进下进入电子市场;(3)在中国文化环境下,政府的地位、威信较高,因此政府的行为通常被认为是正确的,企业在认知层面上相信政府引导行为的正确性,从而愿意按照政府的意图行事。

**2. 未体现显著性的潜在影响因素**

对于在结果分析中所出现的与假设判断不相符合的情况,需要更加深入的分析,一方面是样本局限性所致,另一方面是社会现象之间因果关系的复杂性、矛盾性所致。但若从理论发展的角度看,假设未能被验证本身具有其特殊的理论意义。原因是,常规假设的形成基础是过去的理论、经验和常识判断。这些形成的假设,在形式上通常带有不证自明、显而易见的特征,因此有批评者说,实证研究得出的结论常常是一眼就能看透的结论,尽管论证过程优雅,但其意义却仅仅局限于强化了已有的、显而易见的常识,其实际意义并不高。因此若这些经过严格理论推导及经验总结形成的假设,经过实证被否决,那么这将意味着"非显见"知识出现的机遇。

数据分析结果显示,财力资源状况与 IT 能力及高层支持对采纳意图及应用范围的影响力并不显著,说明在企业应用电子市场时,财力状况与 IT 能力及高层支持的强弱对应用 B2B 电子市场并无明显影响。

(1)财力资源状况(RF)

资源所包含的内容,在本研究以财力资源和 IT 能力资源两个方面进行测量。财力资源是一种配置性资源,与资源的物质属性相联系;而 IT 能力是一种转换配置性资源的能力资源,与改造能力相联系。对于财力资源与基本 B2B 类型电子市场采纳意愿相关性的不显著现象,主要是因为 B2B 类型电子市场需要的财力资源很少,使得不具有丰富财力的企业也能采用基本类型的电子市场。

(2)IT 能力状况

IT 能力在较多文献中被认为是企业采纳创新 IT 技术的重要基础,通常认为:IT 能力越强的企业能更敏感把握技术进步的趋势,能够较快采纳先进技术,另外 IT 能力的影响力还体现在对实施可能性的预计。

但在本研究中 IT 能力与企业 B2B 电子市场采纳意图及应用范围之间的相关性却未得到验证。估测的可能因素为以互联网技术为基础的第三方电子市场应用通常并不需要企业本身具有很高的 IT 技术能力,因此对 IT 能力敏感性消失。

电子市场表现形式有多种,而不同电子市场的进入门槛并不相同。尤其在中国,处于领导者地位的第三方电子市场,其进入门槛非常低,对财力状况与 IT 能力要求不高,因此财力状况与 IT 能力这两个要素对企业接受与应用电子市场影响作用不显著。

(3)高层因素

企业高层因素对 IT 实施的作用被很多文献所提到,较多的经验研究也证实了这一点。我们再次对此类文献进行分析,可以看出,大多数这类文献集中于较为复杂的信息系统实施,如 ERP 项目,或者是其他涉及企业全局范围的信息技术实施(其重点偏向于较大范围较高实施复杂度的系统),因此我们认为,原因在于应用的复杂度将影响"企业高层支持"与"采纳意愿"之间相关性的显著性。从实践来看,复杂信息系统,尤其是需要多方协调的系统,其实施过程的确离不开高层的支持,而应用电子市场,尤其是第三方电子市场通常涉及的人员较少,牵涉的部门较少,并不需要在整体的业务流程方面进行变革,不涉及过多协调工作,因此高层因素在 B2B 电子市场采纳及应用领域的作用被淡化。

# 第七章　企业与市场的关系变迁

企业与市场关系变化的一个重要表现就是企业边界的变化（Malone，1987；Gurbaxani，1991）。科斯（1937）认为一项经济活动究竟应该交由市场还是企业去完成，取决于两者的效率比较。这一结论在企业经营实践中体现为"购买还是制造"的决策（张维迎，1995）。

网络经济环境下，互联网络作为最重要的技术革新，提供了迄今为止最具开放性的信息交流平台，具有使用方便、容易获得、成本低廉、标准统一等特点，它跨过企业的价值链、企业的边界甚至是国界，将个人或各种机构连起来，这必然影响到一个企业内部的各个增值单元如何协调它们各自的运营活动。早些年，就有学者提出，信息技术的广泛应用将会使企业的边界变化（Bryniollgson，Malone，Gurbaxani and Kambil，1994），互联网的出现和普及，在某些情况下会使一些先前外取或外包的活动纳入到企业之内，在另外一些情况下却会使一些在企业内部完成的活动外包出去，从而企业的边界有可能扩大也可能缩小。

网络经济下，企业与市场关系发生变动除了表现为企业边界发生变动外，还表现为企业与市场二者的融合。随着网络经济的发展，很多以前没有出现的社会经济现象不断涌现，企业与市场之间的界限变得模糊起来，企业集团、网络组织、战略联盟、虚拟企业等一批新型经济组织形式开始出现并逐步成为交易活动的主体，企业的层级机制与市场的价格机制在协调生产与经营过程中不断呈现相互渗透与融合的趋势，企业与市场逐渐变为"你中有我，我中有你"，企业与市场之间的关系变得复杂起来。企业与市场的另外一种关系形式也越来越多地出现在人们面前，即所谓“像似企业的市场”或“像似市场的企业”的“第三种形式”。企业中可以融合市场机制，市场中也可以融合官僚机制，市场还可以企业形式存在——市场型企业。下面我们将从企业边界变化和企业与市场融合的角度来考察网络经济下企业与市场关系变迁。

## 7.1 企业与市场边界的变化

企业组织边界的确定实际上是选择市场和企业这两种治理结构的分界点。企业组织边界的确定受到多种因素的影响，互联网络的应用对各个因素影响程度各有差异，企业边界在网络经济条件下也呈现出了多种形式的变化。

### 7.1.1 企业与市场的边界决定

科斯(1937)认为一项经济活动究竟应该交由市场还是企业去完成，取决于两者的效率比较。这一结论在企业经营实践中体现为“购买还是制造”的决策(张维迎，1995)。

当某项投入品或活动由企业亲自完成产生的成本大于由外部交易完成产生的成本时，企业将倾向于利用外部市场交易，从而缩小其边界；而如果亲自完成的成本小于外部交易的成本时，企业将倾向于自己完成，从而扩大其边界。现实中的情况是，一项活动不论是由企业自身完成还是交由外部市场完成都将发生两种成本——生产成本和协调成本(Malone，1987)。企业的生产成本和协调成本是指企业内部完成活动所花费的生产成本和各部门、员工之间的协调成本，而市场的生产成本和协调成本是指向企业提供该活动的外部供应商的生产成本以及企业与该供应商所发生的协调成本。

企业的边界由企业的生产成本与协调成本之和与市场的生产成本与协调成本之和进行比较所决定的。一般认为，企业的生产成本要高于市场的生产成本，这是因为市场上存在着专业化的产品或活动的供应商，与企业相比，它具有规模经济和学习曲线的优势，因而其生产成本要低于企业的生产成本（Afuah，2003）；市场协调成本亦即市场交易成本，威廉姆森（Williamson，1985）将交易成本区分为“事前”与“事后”两种形态。前者包含起草、协商以及维护一项协议的成本，后者包含讨价还价成本、管理机构建立及运行的成本和保证协议安全生效的抵押成本。这两种交易成本均受资产专用性、交易频率与不确定性三个因素的影响。他认为，资产专用性是市场交易成本的主要影响因素。当资产的专用性程度、外部不确定性及交易频率较高时，市场交易成本较高，交易应由企业内部完成。反之，交易则应在企业外部进行。在专用性、不确定性、频率三个参数中，资产专用性对企业边界的影响最为重要，后面两个因素是在资产专用性的基础上衍生出来的。

按照威廉姆森的解释，资产专用性是指“在不牺牲生产价值的条件下，资产可用于不同用途和由不同使用者利用的程度。它与沉入成本概念有关。”在交易一方或双方投入了专用性资产的情况下，契约关系的连续性的意义就很重大了，一旦交易提前终止就会造成一方或者双方资产净价值的极大损失。因此，交易中涉及的资产专用性越高，则该项交易的专用性也越高，带来的交易成本也越大。我们用参数 $K=q/Q$ 来衡量交易专用性，其中 $q$ 表示企业对该项交易的需求量，而 $Q$ 表示该项交易的市场总需求量。由此可知，当企业对一项交易的需求量一定时，交易的专用性与市场总需求量成反比关系，即市场总需求越小，越接近企业需求量，$K$ 值越大；市场总需求越大，$K$ 值越小。交易的实现既可以通过企业来组织，也可以通过市场来组织，其中起决定作用的因素是通过何种方式实现交易的成本更低。一项交易的实现成本主要包括交易的生产成本和交易的转移成本，而这两类成本都会随着交易专用性的不同而发生变化，因此，实际上是交易的专用性决定了交易的实现方式。

设 $E(K)$ 为内部组织的协调成本，$M(K)$ 为市场的协调成本，$K$ 为资产专用性程度。当 $K=0$ 时，资产为通用资产，此时 $E(K)>M(K)$，其含义是，资产专用性是决定市场协调成本的主要因素，$K=0$ 即资产专用性程度为0，这决定了交易契约的完备性和连续性要求低，因此市场的交易成本非常低，小于企业内部的组织成本；随着 $K$ 的上升，资产专用性越强，进行市场交易的费用越高。这是因为，资产专用性越强，所面对的市场垄断程度越高，买方越会利用资产的专用性高所带来的重新配置成本高的特点，在价格和其他方面向生产者施加压力。另外，如果市场发生变化，需求突然减少，资产专用性强的生产者不能低成本的调整其资产的生产方向，当资产的专用性带来双边垄断的情况时，交易双方都会面临对方的违约风险，买方会以中断购买威胁卖方，卖方会以中断供给威胁买方。交易对契约的完备性和连续性要求越来越高，$M(K)$ 也随之上升。$E(K)$ 和 $M(K)$ 二者随 $K$ 的增大其增长速率是不一样的。如图 7－1 所示。

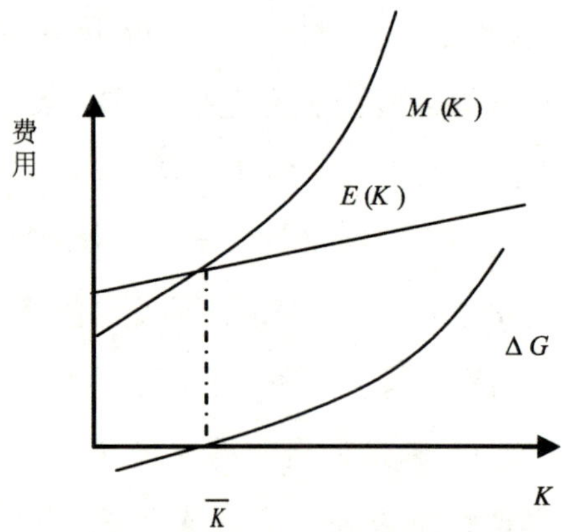


7－1　**交易费用与资产专用性**

定义 $\Delta G=M(K)-E(K)$，代表企业通过市场化带来的交易成本的增加额。当时，$K=\bar{K}$，$\Delta G=0$，即市场交易成本与企业内部组织成本相等。$K<\bar{K}$ 时，$\Delta G<0$，即市场交易成本小于企业内部组织成本，$K>\bar{K}$ 时，$\Delta G>0$，即市场交易成本大于企业内部组织成本。即得到图 7－2 中 $\Delta G$ 曲线。

设 $Cpm$ 表示一项交易通过市场实现时的生产成本，$Cpc$ 表示该交易由企业自行组织的生产成本。则该项交易的市场生产成本比企业生产成本的节约额为 $\Delta Cp = Cpc - Cpm$。$\Delta Cp$ 是关于 $K$ 的减函数。$K$ 越小资产越倾向于通用化，通过市场加总需求获得的规模收益就越高，其他厂商就越有可能分工专门生产该中间产品，对与使用该中间产品的厂商来说，自己组织生产的成本会高于市场上的成本；$K$ 越大，资产的专用性就越强，在极端情况下，$K$ 趋于无穷大，它意味着如果由厂商专门生产该产品它只能供应给极少数使用该中间产品的企业，其规模收益明显受到影响，与使用该中间产品的企业自己来组织相比，生产成本是一致的。因此，$K$ 越大，企业自己组织生产的可能也就越大。$\Delta Cp$ 是生产费用节约曲线，如图 7－2 所示。

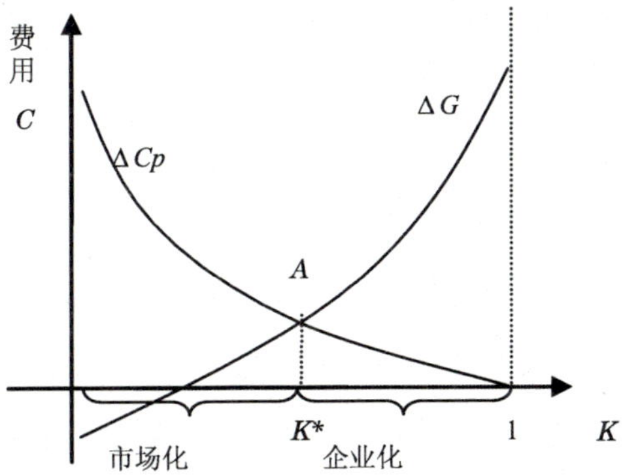


**图 7－2　市场化与企业化的均衡状态**

由于市场和企业均存在着生产费用和组织管理费用，选择哪种方法取决于两种体制下的两种费用之和的比较。当企业通过市场化所获得的生产成本节约额 $\Delta Cp$ 与由此造成的交易成本的增加额 $\Delta G$ 相等时，$\Delta Cp = \Delta G$，即图 7－2 中两曲线的交点 A，企业的内化与外化过程会达到一个均衡状态，此时资产专用性等于 $K^*$，通过市场购买和通过企业自己生产没有差异。当 $K < K^*$，当企业通过市场化所获得的生产成本节约额 $\Delta Cp$ 大于由此造成的交易成本的增加额 $\Delta G$，企业会把该项活动外部化，通过市场交易来实现总成本的降低。通过市场机制来组织一项交易更为经济合理。当 $K > K^*$ 时，应该选择扩大企业组织来安排此项交易。在资产的专用性程度接近 $K^*$ 时,就会出现各种混合的契约形式。因此,从长期来看,企业的边界随着企业和市场的生产费用和组织管理费用的变化而变化。

网络经济环境下,互联网络作为最重要的技术革新,提供了迄今为止最具开放性的信息交流平台,具有使用方便、容易获得、成本低廉、标准统一等特点,它可以降低资产专用性及专用性投资的规模,使得企业与市场这两种治理机制的效率对比发生改变,表现为企业边界发生变更。

### 7.1.2 互联网络对市场交易成本的影响

按照科斯的定义,企业的交易成本是企业用于寻找贸易伙伴、订立合同、执行交易、讨价还价、监督违约行为并进行制裁等方面发生的费用。按照威廉姆森对交易成本的划分标准,不难发现网络经济直接导致企业外生交易成本的大大降低。体现在:

(1)降低信息不对称和机会主义

互联网可以通过以下两种方式来降低信息不对称。第一,通过互联网,可以建立许多虚拟的论坛、社区,更多的关于产品以及交易的双方的信息可以让更多的人知道。第二,互联网使交易的双方可以较低的成本、快捷的方式搜寻到这些信息。例如,在采用互联网之前,几乎只有旅行社才能使用航空公司的订票系统,互联网普及后,个人也可以通过互联网进行网上订票。这就减少了旅行社对顾客的信息优势。

互联网的网上电子交易系统能够记录每一个交易者的所有的交易历史。任何人都可以看到用这些交易记录排出的每一个交易者的"诚信"等级。这样交易的双方可以这些数据为参考来判断哪个交易者有可能发生机会主义行为。这种公开的交易记录也具有一定的警示作用,从而减少机会主义的发生。

网络技术的信息披露的速度和扩散能力会产生有效的惩罚机制,也会有利于消除机会主义。例如 Intel 公司的 Pentium 质量问题在互联网上被迅速传播使企业的信誉扫地，企业机会主义将受到严厉的惩罚，有效地抑制机会主义的产生。詹姆斯·马和希尔巴指出在新的信息技术为特点的市场环境中，信息由许多知识丰富的人们相互分享、过滤，他们注意到时间、地域不再能阻隔问题，事实将很快被发现。信用扫地可能在瞬间发生，没有第二次机会。最后，信息技术使信息透明度增加，抑制机会主义。现在交易双方都可以在整个互联网上搜索产品信息、比较价格，地域距离被打破。而且网络缓解了信息在交易双方之间分布的不对称性，使交易者获取信息的代价降低到最低限度，致使威廉姆森所谓的"信息压缩"(Information lmpactedness)现象趋于减少，进而减少机会主义。

(2)网上订购和电子商务降低了谈判和履约成本

消费者利用网上浏览器很方便地就能做到"货比三家"，可以比以前更快、更容易地在更多的供货商之间就产品和价格进行选择，买者之间甚至可以通过网络分享有关信息。因而大大降低了信息搜寻成本，在讨价还价方面更为主动。如远距离通信谈判降低了谈判成本，闭路电视的发展改变了劳动的监督方式，提高了监督效率，降低了监督成本。互联网的发展使得在家办公成为可能，电子商务的发展使得营销活动可以在互联网上展开，从而降低了企业的谈判成本。

(3)资产专用性降低

资产专用性并不是一成不变的，随着技术的变迁，资产专用性也会发生变化。技术进步有助于降低资产专用性(Denisphan and Pierrysommer, 1999)。对于受地理空间限制而难以移动的专用性资产来说，基于互联网新一代通信基础设施的信息技术应用，可以在一定程度上克服其空间和时间限制，甚至实现远程控制与操作，从而降低了其专用性程度。对于那些用于特定领域的专用性资产来说，互联网络技术应用主要通过两个方面去降低其专用程度，一是利用信息技术对其进行改造以后，有可能提高资产的灵活性、扩大适用领域；二是网络环境下交易信息的高度扩散，可能使这类资产面对更加广阔的市场范围。互联网使得可替代的用途非常容易被发现，降低了企业转向专有关系资产的需求，允许更专门化的信息技术资产被取代。而对于专用性的人力资本来说，其由于经过“干中学”或培训掌握了一些别人不易知道的知识技能，但经先进信息技术处理以后，专用性人力资本的经验和知识可以在一定程度上成为结构化信息，通过网络达到共享的目的，结果是私人信息变为公共信息，从而降低了人力资本的专用性程度。

我们可以看出，网络互联降低了资产专用性、信息不对称和谈判的成本，促进了信息与技术的流通，降低了市场交易费用。这使得 $\Delta G$ 变大，在图中则表现为 $\Delta G$ 曲线左移，在其他条件不变的情况下，市场企业边界有缩小趋势。

### 7.1.3 互联网络对企业内部协调成本的影响

企业内部的组织治理成本主要是内部协调成本，或称管理成本。包括代理成本和决策信息成本等。就代理成本（监控成本、保证成本和剩余损失）而言，其大小取决于监控和报告机制的成本和效率。互联网的渗透和信息技术的应用，在委托人和代理人之间形成了低成本、高效率、大范围的监控和报告渠道。利用先进的信息处理设备并结合网络应用，委托人能够及时、便利地跟踪和分析代理人的工作绩效，代理人则可以根据需要，随时随地向委托人报告工作进展。显然，基于现代信息技术的企业内部监控机制具有传统方式所无法比拟的优越性，节约了委托——代理过程中的监控成本和保证成本，同时也提高了相关过程的效率，使委托和代理双方更易于协调，也使剩余损失趋于下降。

内部协调成本的另一个方面是决策信息成本，它包括信息处理成本和因信息质量低下而产生的机会成本。互联网通过开放的统一标准将不同类型的计算机连接在一起，可以实现最大限度的计算机资源和信息共享，同时还可以实现远程的信息交流和沟通。许多企业利用互联网降低管理中的交通、通信、人工、财务和办公室租金等成本费用，可最大限度地提高管理效益，降低企业内部管理成本。其作用主要表现有：

(1)降低通信费用。互联网可以用于部门间信息的协调、传递和加工,而且成本比以前的电子数据交换系统还要低(Porter,2001)。它包括企业内部通信、企业间通信,也包括企业与消费者之间的通信,如支持电脑到电话的通话等。

(2)节约交通、办公费用。合作者之间、总公司与各地分公司之间可节约大量的交通成本并实现充分交流。比如,企业内部培训就可以通过互联网全部解决;小公司更有足够的机会将业务在网上任意扩展;办公无纸化既方便又能提高效益,还能降低成本。

(3)降低人工成本。原先传统繁杂的管理过程可通过互联网由计算机自动完成,或者原需由企业员工完成的工作,改由消费者完成。据统计,目前一个白领人员的工作时间有40%用于与人沟通,40%用于文件处理,而真正用于工作的时间只有20%[1]。互联网可以使沟通更为顺畅,文件处理也更高效,大大提高了工作效率,节约了人工成本。

(4)降低财务费用。通过互联网可随时了解订货和生产及存货情况,实现按需生产和按需订货,而无须保持大量的预防性存货。

(5)降低库存费用。Dell公司是目前通过网络进行库存管理做得最好的公司之一。Dell通过互联网和企业间信息网将分解后的客户订单分配给上游配件制造商。各制造商按电子配件生产组装,并按控制中心的时间表供货。Dell的低库存是因为它的产品订单,通过互联网络随时进行传输并每20秒就整合一次,使它在用户定制产品和交货方面的速度无人可比,效率远高于行业平均水平。

总而言之,由于网络环境下的企业面对范围广阔、内容丰富的信息空间,而且拥有日益强大的信息处理手段,因此在很大程度上克服了以往信息传输不畅的困扰,从而降低了相应的机会成本,进而降低了企业的管理成本。

---

[1] http://www.5so.cn/gybl/jiangdi/11065.htm.

因此，我们可以看出，互联网的出现和普及降低了通信、交通、人工、财务、租金、库存等各种管理费用，缩短了企业内部的管理路径，从而降低了企业的管理成本。这使得 $\Delta G$ 变小，$\Delta G$ 曲线右移，在其他条件不变的情况下，企业边界有扩大的趋势。(见图 7 - 3)

### 7.1.4 网络经济下企业边界变化

从前文的分析中我们可知，互联网能够降低产品生产成本及交易费用。企业边界由市场和企业各自发生的生产成本和交易成本之和权衡比较决定的。企业外部交易费用(通常意义的市场交易费用)的降低以致企业边界的缩小，而内部交易费用(即企业内部协调费用)的降低以致企业边界的扩大(内外部生产成本的情况与此相似)。所以，互联网的出现和普及有可能缩小企业边界，也有可能扩大企业的边界，边界变化取决于互联网对这四个因素(内、外部交易费用，内、外部生产成本)降低程度的大小比较。

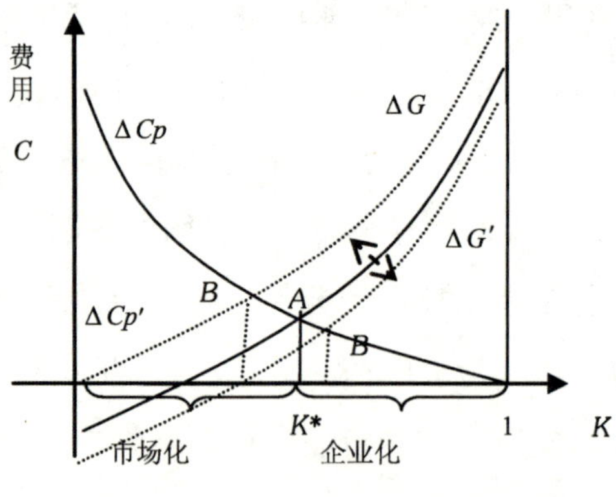


**图 7 - 3　应用互联网络后企业边界变化**

上文分析的一个基本判断是考虑到网络信息技术为企业带来的范围经济和规模经济的效用以及生产成本的降低效应。网络经济条件下，互联网络的应用可以帮助企业在采购成本、生产效率、库存周转等多方面有效降低企业生产成本。企业与市场各自的生产成本都会随着互联网络应用而降低，各自降低程度的高低取决于互联网络的应用程度，而与这两种不同生产方式本身无关。因此，在互联网络应用之后，我们认为企业内部的生产成本降低程度与市场的生产成本降低程度相近，图中 $\Delta Cp$ 曲线保持不变。从前文可知，互联网络应用在信息搜寻成本、合同订立、执行、监督等方面都可以有效降低市场交易成本。如果在其他因素保持不变的情况下，说明采用企业方式的总成本大于市场交易方式，那么企业会倾向通过市场协调减少成本支出，企业边界缩小。但是，我们知道，在网络经济条件下，网络信息技术通过降低资产专用性降低了市场协调成本的同时，还通过降低企业内部的代理成本信息决策成本等降低了企业内部的协调成本。对于不同的企业网络信息技术应用程度的不同以及不同行业特征对网络信息技术的敏感程度不同，以致企业内部协调成本降低幅度各有不同。在这样的情况下，企业内部协调成本与市场交易成本之差 $\Delta G$ 曲线左右移动的方向和幅度也无法确定，也就是上文分析的，当市场交易成本的下降幅度大于企业内部协调成本的下降幅度时，$\Delta G$ 右移至 $\Delta G'$，反之，则左移。我们假定 $\Delta Cp$ 曲线不动，那么两条曲线位置交点也会发生变动，变动的方向与幅度是企业与市场这两种交易形式总成本权衡的结果，新的均衡点 $B$ 及 $B'$ 分布在原来均衡点的两侧，即应用互联网络之后，企业既可能通过扩大边界范围来获得收益，也可能通过市场交易来获得收益。如果 $\Delta G' - \Delta G > 0$ 则表示随着信息技术的进步，市场生产成本与交易成本的减少额之和大于企业内部生产成本与内部协调成本减少额之和，通过市场交易能减少成本支出，企业边界缩小。如果 $\Delta G' - \Delta G < 0$，则企业边界扩大。

以上综合分析，可以看出，网络信息技术对企业与市场的影响是复杂的。网络技术为企业管理解决了信息传输、信息处理方面的重要障碍，降低了企业内部交易费用和生产成本，根据均衡机制，企业规模有可能进一步扩大，直至新的均衡状态出现。另一方面，网络技术也降低了外部交易成本，使得更多的交易可以交给市场而不是由企业去组织，这又导致了企业有可能朝向更小的规模发展。企业与市场在互联网络的影响下，企业边界既可能扩大，也可能变小，这取决于互联网络对企业与市场组织影响力的比较。

互联网络对企业与市场组织影响效应的大小与企业应用互联网络的范围和程度密切相关，随着企业应用互联网络的范围扩大，应用深度的提高，对企业与市场这两类组织的影响效应比较会出现阶段性变化。在应用初期，互联网络对企业内部协调成本下降的影响程度要高于市场交易成本的下降，而在互联网络应用高级阶段，互联网络对市场交易成本下降的影响效应逐渐显现，企业边界也因此可能会出现先扩大再缩小的趋势（详见第四章的实证分析）。

## 7.2 企业内部引入市场机制

### 7.2.1 企业内部市场化：组织内部模块化

依据巴纳德的“随机应变的决策”理论，当外部环境发生变化时，企业组织形式也应随之做出调整。20 世纪 90 年代以来，市场的变化、竞争的加剧、信息技术的飞速发展等组织环境的变化，使经典的现代企业组织模式和控制模式受到的强烈冲击，组织变革已成为必然趋势。同时，信息及技术的广泛应用，特别是网络技术的日臻完善、市场交易效率的提高、管理理论与管理技术的发展，又为企业组织变革提供了强大的动力，使市场化组织成为当今组织变革的方向。在这场组织变革当中，出现了许多新的组织结构形式，企业与市场在不同方向、不同层次上实现了重构。这些重构在企业内部则表现为企业内部的模块化和市场化。

企业模块化组织结构是指以专业的模块化队伍为基础各个功能模块，围绕模块产品形成的相互关系。模块化结构的企业被分成若干个模块，在企业中，一个分部、经营单位乃至团队都可以成为一个模块。尽管在经济全球化时代，世界市场形成了一个统一体，企业的脑袋产业和躯体产业之间以及各自内部进一步发生了分离（李海舰，聂辉华，2003）。但是，借助于信息技术特别是计算机和互联网络，企业的脑袋产业和躯体产业之间、总部和分部之间、上级和下级之间的协调能力大大提高。因此，企业作为一个模块整体,虽然各个模块可能天各一方,但是通过网络可以瞬息联系,其内部模块之间可以共享隐含类信息,相互之间协调工作,以时间消灭空间阻碍。企业拥有专业的模块化队伍,即“工作组”。每个工作组都具有较高的技术、富有独立完成任务的能力,它们通过界面和专业化的语言与其他团队之间沟通协调。例如,一家总部在美国纽约的咨询公司接手了一个国际性项目,它可以利用互联网或者卫星传输网络将该项目的战略、人力资源、财务、营销咨询分别部署给它在伦敦、东京、科隆、北京的分部。由于总部明确了统一的宗旨、分析技术和共享数据库——即界面联系规则,因此,各分部可以同步进行各自的工作,最后由总部将各分部成果进行整合。各个高度自律性的分部,就相当于一个个“内部市场”,在不违反界面联系规则的前提下可以自主创新,而不再是传统意义上完全依附于总部的科层单位。而且,各个不同分部之间甚至可以就同一项任务展开竞争,以加快研发的速度,提高研发的成功概率。因此,企业中那些作为“内部市场”的模块具有自主性、并行性、敏捷性、创新性和竞争性的诸多优势。

模块化组织结构下,实现了企业内部功能模块间的分工与市场上企业间分工的完美对接;协调方式转变为专业化的市场协调,使组织效率趋于最大化;功能模块的规模经济,实现了分工收益的最大化。在模块组织中,市场化管理已成为一种有效的管理模式在实践中得到应用。

通过对当代企业组织结构变化的分析可以看出,企业组织结构的演进过程,伴随着企业机制与市场机制的融合,这个过程就是内部市场化的过程。这种融合表现为:企业内部科层组织逐渐弱化、分权化程度提高;内部的命令式管理逐渐被协商、沟通或讨价还价的方式取代,信息的传递更具有双向性;内部各单位或经营主体自主性和平等性增强,企业对市场变化的反应更加迅速敏捷,市场竞争的压力能够以某种形式传递到企业内部各单位,甚至个人。同时,企业与市场的融合作为一种趋势表现为多样化的融合,在不同的时期和不同的组织结构中,可以表现为融合程度、融合形式和融合内容各不相同。

### 7.2.2 海尔内部市场链

青岛海尔集团在1998年年底提出了通过“流程再造化、结构网络化、竞争全球化”保证战略创新思路，开展了“以‘市场链’为纽带的流程再造”[1]。其再造措施包括：第一，把原来分属每个事业(本)部的销售、采购、财务业务全部分离出来，整合成独立经营的商流(营销系统)推进本部、物流(供应系统)推进本部和资金流推进本部，实行全集团范围内统一营销、统一采购和统一结算；第二，把集团原有的职能管理资源进行集中，如将人力开发、技术质量管理、信息管理、设备管理、法律、保卫等职能部门全部从各个事业(本)部分离出来，成为独立经营的服务公司(内部利润中心性质的单位)；第三，把这些专业化的流程单位通过“市场链”连接起来，设计与签约双方工作目标达成情况相关联的索酬(S)、索赔(S)、跳闸(T)标准。

海尔集团“市场链”的组织再造的基本原则是以主流程(早期称为“核心流程”)和支持流程两大体系重新构建整个集团的组织架构。主流程的目标是要“创造市场”和对客户定单“一票到底”负责，在创造市场价值中实现利润；支持流程以服务主流程为主要目标，同时被要求转型为利润中心，并被鼓励为集团外部提供社会化服务。海尔在整个集团层面上清晰地界定了解构后主流程和支持流程之间的关系的同时，还在流程内部运转层面上也明确体现了主辅流程间的关系。比如，在商流推进本部内部，市场资源部负责营销渠道的建设和管理，产品线(指各产品本部设在各地工贸公司中的产品经理)负责获得市场定单及产品的直销工作，区域线(指各地工贸公司下辖的区域经理)负责市场定单的执行及回款的控制，它们与遍布全国的42家工贸公司一起构成了商流的核心流程。而在商流的支持流程中，企划部(后改名为定单管理部)负责商流的总体规划及市场定单的分解(即把从工贸公司获得的定单向各产品事业部分解后转变为内部制造定单)，广告部负

---

[1] 荀昂，廖飞．基于组织模块化的价值网络研究[J]．中国工业经济，2005(10)．

责集团广告的策划和媒体管理。通过这样的逐级解构,海尔业务流程中执行特定功能的业务处理单元得到明确,并成为相对独立运作的流程模块❶。

从1998年到现在,海尔进行的在业务流程再造基础上的“内部市场链”已经产生了非常显著的效果:在海尔,无论是普通员工还是管理层,每个人比以往任何时候都更加清楚自己的目标,自我管理的意识已经深入人心,市场竞争的压力以订单的形式传递给每个人,通过每个人的快速反应,企业对市场的反应速度大大加快,过去由于扩张过快产生的存货和应收账款两大问题得到了根本性的改善,海尔也成为中国电子信息企业第一品牌。当然,海尔的“内部市场链”还不能说取得了完全的成功。在实施的过程中也暴露了一些问题,如由于各内部单位追求自身的利益,企业管理协调难度加大;企业技术创新追求“短平快”,在关键技术上没有根本性的突破等。这些都需要在实践过程中进一步探索。

## 7.3 在市场中嵌入科层机制

### 7.3.1 以企业为载体的市场形式

网络经济环境下,“市场型企业”(Market-type Firm)越来越多地出现在人们面前。这是一种迥异于传统市场的新型市场,它不仅仅是企业的聚集地,同时也是一个企业,如B2B电子商务平台阿里巴巴。

在传统市场中,交易的质量并没有统一的保证。给定交易数量不变,如果交易的质量无法保证,那么交易费用就不一定能够降低(聂辉华,2003)这显然降低了契约的价值。新型市场的出现弥补了这一缺陷。在新型市场或者“市场型企业”中,市场中所有的交易不再是各负其责,而是实行“价值链问责制”。如果说每一桩交易是整个市场交易价值链中的一个个环节,那么

---

❶ 王凤彬,陈公海,李东红.模块化组织模式的构建与运作——基于海尔“市场链”再造案例的研究[J].管理世界.2008(4).

作为交易平台的市场就充当了“价值链主”的角色。“价值链主”可以对买卖双方实施管理功能，如要求所有进入市场的卖方保证交易内容的质量和价格公正，对所有进入市场的买方承诺质量可靠和价格公正等。这相当于“价值链主”与所有卖方签订了一个显性的或者隐性的契约，同时也与所有买方签订了一个显性的或者隐性的契约。这两种交易效率大不相同。具体来说，在市场型企业中，价值链主可以在以下方面为买卖双方提供降低交易风险的制度设计：

信息聚集：交易市场中聚集了很多买家和卖家，交易参与者可以比较容易地获得各种交易决策的相关信息，同时还可以在多个卖家之间进行商品质量、性能、价格的比较，减少信息不对称的程度。

信息提供：除了信息的自然聚集以外，交易市场还可以充当市场基础信息提供者的角色，并为交易者提供公开的市场信息，这些市场基础信息对于交易方做出正确的交易决策来说是很重要的。这也会帮助交易方克服由于信息约束所带来的信息不对称。

提供第三方的市场监管：在克服不完备市场契约方面，交易市场可以提供中立的第三方市场监管，也就是威廉姆森所讲的三方规制结构。市场监管的范围很广。交易前，可以提供标准的商业文本，统一的度量标准和质量检验标准；交易中，可以帮助监督交易的执行；交易后，可以进行交易争议的解决，知识产权的保护等。这都有助于降低交易双方的交易风险。

建立信用系统：交易市场还具有建立信用系统的功能。信用系统的建立包括两种不同形式，隐性的和显性的。隐性的信用系统是指交易双方通过多次重复交易建立的信誉机制，这样可以将双方单次的博弈行为变成多次重复的博弈行为。为了达到长期合作的目的，卖方会减少对老主顾的机会主义行为。但是这种信用系统不是匿名的，它是交易双方“老关系”的一种体现。

显性的信用系统是指交易市场管理者有目的地建立市场交易者的信用记录，该信用记录按照交易者有无欺诈行为而确定，而且对所有交易者开放。新的交易者可以根据这种信用记录来选择交易对手。只要交易者之间存在激烈的竞争，新的交易者有选择交易对手的自由信用记录就会约束交易者的机会主义行为相对于上面所讲的特定交易方之间隐性的信用系统，公开的信用记录将信用关系匿名化，交易者要保持好的信用，就必须对任意一个交易对手保持几乎同样的服务质量，而不能只针对“老关系”客户。通过以上制度设计，交易市场可以大大降低交易方所面临的风险，帮助交易顺利的进行。

交易纠纷解决：在这种情况下，任何一个买方对交易有争议，都可直接找“价值链主”负责，从而真正实现“交易千条线，对外一根针”。假设市场中有 N 个买方和 N 个卖方互相交易，并且全都发生纠纷。在传统市场中有纠纷的契约数量是 $N^2$ 个，而在新型市场中有纠纷的契约数量将减少至 2N 个，并且，越大减少的契约数量就越是明显。

如图 7－4、图 7－5 所示。作为“价值链主”的新型市场不再是一个消极的管理者，而是一个实实在在的企业——“市场型企业”，其实质是在对等的市场机制中嵌入了不对等的科层机制，虽然增加了一个层级，但是却有效地提高了交易的质量，减少了契约数量和交易费用。“市场型企业”对卖方负有管理责任。同时对“市场型企业”的雇员拥有权威。

此时，市场不再只是交易的聚集地，而是一个交易网络，在这个网络中，企业就是一个个模块，市场不干预企业的具体经营，而是负责制定、维护企业和客户之间的界面联系规则。

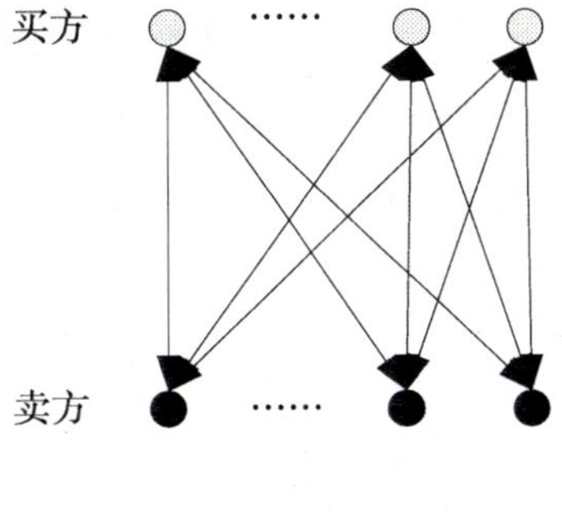


图 7－4　传统市场

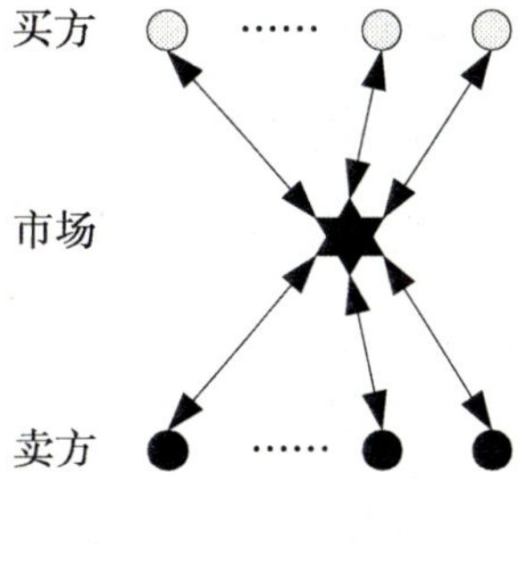


图 7－5　新型市场

这样的交易网络在传统商业环境下,扩展规模存在一定的限制。因为市场型企业作为中介平台,对买卖双方均负有管理责任,需要为买卖双方提供价格匹配、信息聚合、信用认证以及交易制度等服务。平台参与企业数量N逐渐增多时,中介平台的管理协调成本随之上升,当买卖双方数量超越临界时,中介平台的管理成本上升幅度将会大于其为买卖双方带来的交易费用的节约,在临界点中介平台规模达到均衡。而在网络经济环境下,互联网络信息技术的应用可以极大程度地改善中介的协调成本以及服务成本,降低管理的边际成本。中介企业可以以互联网作为交易平台,参与企业通过网络进行交易,参与企业数量N的增加给平台企业带来的管理费用增加几乎为零,这使得平台的容量几乎可以无限扩大。而参与平台的买卖企业聚集数量越多,在平台上的商品供给和需求越丰富,平台上交易信息也越聚集,信息搜索成本变得更低,为参与平台的企业带来的效用越高。我们可以发现,交易平台具有正的网络外部性,交易平台上的参与企业越多,即进入交易市场的交易者越多,大家的收益就越大。这也正是以阿里巴巴为代表的电子市场中介平台发展迅速的根本原因。

### 7.3.2 网络经济下的市场型企业——阿里巴巴电子市场

阿里巴巴是中国最著名的电子市场,成立于1998年,拥有中国电子市场份额的60%。旗下主要有两个B2B电子市场站点,一个是国际站(www.alibaba.com),一个是中国站(www.china.alibaba.com)。

阿里巴巴作为第三方电子市场平台,其最主要的作用在于提供了在线交易市场,特别是面向中小企业,卖家和买家都得以通过在线的“集市”——电子平台来沟通和交流,并完成交易。在该“集市”上聚合了海量的中小企业及其相关信息,2008年财报显示,阿里巴巴拥有来自全球的3250万注册用户,产品信息覆盖42个行业,每日向全球各地企业及商家提供近千万条商业供求信息。阿里巴巴实行会员制,主要为“诚信通”会员与“中国供应商”会员提供有偿服务。会员企业可以通过网站浏览行业新闻,了解行业市场动态，集市掌握供求状况，查询和发布供求信息。会员采购商供应商通过阿里巴巴进行自由供需匹配，达成企业间的合作与贸易。同时，阿里巴巴还作为交易中介，为平台上的买卖双方提供多种管理服务，以此来降低企业间交易成本。

阿里巴巴作为企业中介，在买卖双方之间交易中的作用如图 7－6 所示。

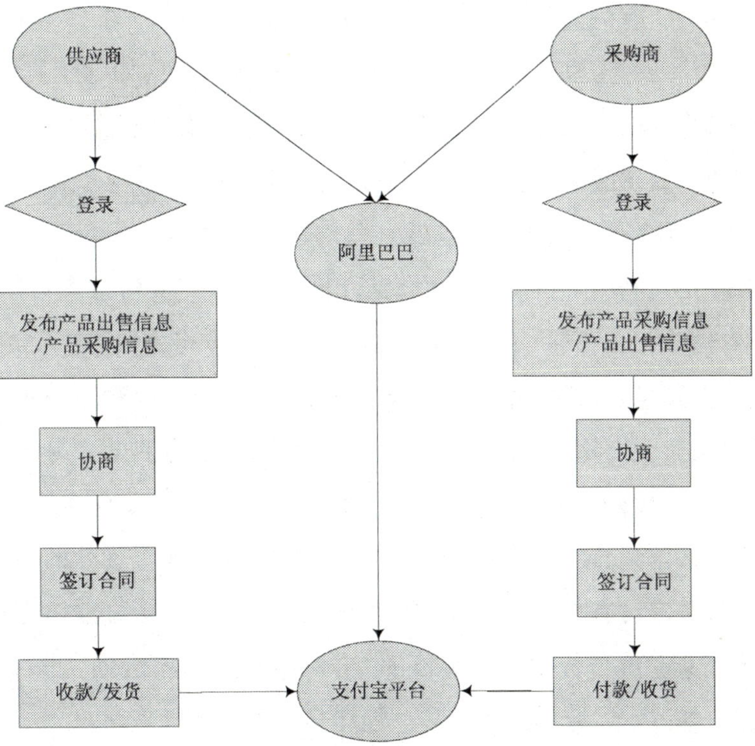


**图 7－6　阿里巴巴的交易中介功能**

阿里巴巴为企业会员提供的服务有：提供产品列表，为买卖双方提供询价和报价，提供实时的沟通，以及买卖双方的信用报告、在线支付、在线拍卖等。阿里巴巴通过第三方支付平台支付宝（Alipay）为双方提供可靠的在线支付保证。同时阿里巴巴也还通过第三方认证机构来保证会员身份的真实合法性。调查显示，85% 以上的买者会愿意与通过身份认证的卖者进行交易，交易过程如图7－6所示。

具体而言，阿里巴巴作为市场型企业，为参与到电子市场中的买卖双方提供以下具有特色的服务，来帮助双方有效减低交易成本。

(1)信息聚集与信息服务

阿里巴巴最基本功能是为企业间的网上交易提供买卖双方的信息服务。买方或者卖方注册阿里巴巴后就可以在网上发布自己的采购信息，或者产品出售的信息，同时还可以随时查看阿里巴巴网上42个行业大类，近万种商品的所有买卖信息及客户详细联系方式，通过即时工具随时与客户进行生意洽谈。阿里巴巴还为企业提供相关经营信息，如行业信息、市场动态等，可以根据客户的需求，定期将客户关心的买卖信息发送给客户，并且为买卖双方提供网上交易沟通渠道，如网上谈判室、商务电子邮件等。

(2)交易监管

阿里巴巴利用支付宝信用为交易担保和监管。支付宝交易的模式为：买卖双方在网上达成商品交易意向或协议后，买方将款项先支付给支付宝，由支付宝暂时保管，待买方收到卖方的货品并确认后，支付宝将款项支付给卖方，完成整个交易。支付宝的功能简单来说就是为网上交易的双方提供“代收代付的中介服务”和“第三方担保”，其实质是以支付宝为信用中介，在买家确认收到商品前，由支付宝替买卖双方暂时保管货款的一种增值服务。如果买家没有收到货品或者货物与描述不符合，支付宝作为第三方监管将为买家提供与货物价值等额的“全额赔付”，而不会向卖家支付货款。这一服务模式可以有效地对交易过程和交易质量进行监管。

(3)信用体系建设

2002年阿里巴巴推出“诚信通”，这是企业为自己建立信誉交易平台的一种软件。早期每位诚信通会员可以通过网络展示自己企业获得的荣誉和各种能表明自己信用度的文件，还可以提供能够证明自己资信和实力的合作伙伴的推荐。现在阿里巴巴B2B公司已经全面委托第三方认证公司，对申请“阿里巴巴收费服务”的会员进行严格的“企业合法性、真实性”的核实，并查证“申请人是否隶属该企业且经过企业授权”。这样，网上的会员转变成有了真实身份的用户，这样就有助于企业在网上对彼此进行评价，对别人的评价也将同时出现在自己的信用记录上，以此来规范会员的相互评价行为。第一，阿里巴巴 B2B 公司积极开展电子商务安全宣传，并让广大网友在社区中分享诚信建设、交易安全、商业防骗的经验和心得，以及举办各类线上线下活动和培训。第二，阿里巴巴 B2B 公司大力完善有害信息的举报和自查工作。第三，阿里巴巴 B2B 公司鼓励和推荐用户使用具有相对完善的交易信用体系的支付工具——支付宝，并对有关不诚信行为进行监控。

## 7.4 企业与市场融合的其他形式

### 7.4.1 虚拟企业

#### 一、虚拟企业形成与特征

虚拟企业的概念最初是由美国 Lehigh 大学于 1991 年在其《21 世纪制造企业的战略》报告中提出的。虚拟企业是一种基于相互合作实体基础之上的组织结构，它是由几个（多个）商业伙伴组成的，为了生产商品和提供服务，同担成本，共享资源，既可以是暂时的，也可以是长久的组织形式。组成虚拟企业的各成员之间并不存在从属关系，它们本身都是独立的企业、组织或个人，共同的目标和利益是联结它们的纽带。虚拟企业的产生是与互联网络的崛起息息相关的。一方面，从消费者也就是市场的角度来看，网络给予消费者与企业平等交流的权利，从而使得企业满足消费者日益个性化的需求成为可能。另一方面，从企业的角度来看，互联网使得企业之间的信息沟通更加通畅，从而使企业间交易费用降低。

虚拟组织各成员企业依靠电子契约进行连接，通过电子协议相互协调，具有企业一体化的性质。同时虚拟组织中各成员企业又存在独立性，它们之间的合作关系随市场外部环境的变化而迅速建立和分离，这一点又具有市场交易的特点。因此，虚拟组织事实上是介于完全市场化和完全科层化组织之间的一种中间组织形式，融合了二者的特征。虚拟企业既有公司治理的特征(如:拥有共同的目标,组织中通常有一个核心成员作为虚拟组织的领导)也包含市场治理的特点(如:成员之间没有显著的隶属关系,交易对象的不固定,成员之间的关系主要是买卖关系)。

虚拟企业一般具有以下特征:

1. 高度的灵活性和适应性。虚拟组织在面临混乱的业务环境时,表现出极强的适应能力和灵活性。虚拟企业的灵活性源于组成它的节点的灵活性和其连接的虚拟性,它可以随时利用各节点的成熟技术、成熟市场、快速的开发等资源优势。虚拟企业对市场有着高度的适应性,可以随着市场机遇的开始而诞生,随着市场机遇的结束而解体。它可根据目标和环境的变化进行组合,动态地调整组织结构。这种变化的剧烈程度和经常性都要强于任何一种传统的组织模式。更重要的是,它可以以极低的成本实现结构调整、重组和解散。

2. 资源利用的有效性。虚拟企业利用计算机与互联网络,方便快捷地整合组织内各成员企业的优势资源和核心能力,形成共同的竞争优势。单个企业的资源,如设备能力、仓储能力或者研究开发能力等,总是有限的或片面的,有时不足,有时冗余。当企业生产与市场需求不匹配时,企业的资源与能力则不能发挥相应作用。虚拟企业能够将多个企业的资源与能力组合起来,取长补短,形成产品价值链生产过程,使各个企业的资源得到充分利用,这对虚拟企业的成员各方都有益。

3. 虚拟组织成员的地理分散性。虚拟企业实际上是一个虚拟的团队,组成它的节点实际上是一种虚聚,只是通过一系列合同、协议加强彼此之间的联系。因此虚拟企业的组建过程中,不可避免地出现组织成员企业在地理位置上的分散。这带来的不同地区甚至国家背景下的企业之间交流与协调的困难。现代网络信息技术已被用作支持虚拟组织成员间的信息交流与协调,它可以弥补虚拟组织的地理分散性带来的障碍。

4. 获得更多市场机遇。虚拟企业组织结构的不确定性和可变性,使它能比其他组织结构能更好地根据市场需求、客户反馈改变其经营范围与经营方式。它可以轻易地突破经营范围限制，整合各成员企业的力量来快速适应不断变化的商业形势。另外，虚拟企业成员可能在设计、制造或市场等方面具有各自的领先专长，这样就可能在更短的时间内将产品或服务从构想推向市场，从而快速响应市场需要。

**二、虚拟企业的组建形式和运作方式**

虚拟企业能够获得成功的原因在于它把“真实”公司的能力联结起来，共享基础设施和研究人员，共同承担成本与风险，这样有助于缩短从创新构想到商业实践的时间，联结互补性的核心能力，可以形成持久的竞争优势。在世界范围各种虚拟组织中，常见的虚拟企业有以下几种形式：

1. 基于项目的虚拟企业。这类虚拟企业一般以某个大型建设项目为中心，参与的各节点企业可以是单个的企业组织或个人，也可以是其他虚拟企业，其目的在于共同承担高额投资、分散风险、降低成本。波音 777 宽体客机的研究和开发是一个很好的例子，由美、加、英、法、日等国家的大公司科研人员组成的 34 个工作小组，依靠互联网络进行联合设计，并应用计算机仿真技术，使零部件的加工十分精确，一次性组装成功。

2. 基于产品的虚拟企业。由一个核心企业设计一种产品并制定工艺过程、操作规程和产品质量标准体系，在对关键性资源控制的前提下，采用业务外包，选择不同地区的企业进行生产、储运，有时甚至委托专业销售公司销售。例如，世界著名的运动鞋制造商耐克公司就将公司的主要资源和精力放在产品的设计研究和组织销售上，自身并不拥有任何一家工厂，把产品的生产全部外包给发展中国家的企业，利用这些国家劳动力便宜的优势，集中制造并跨地区销售，极大程度地节省了生产投资。

3. 基于服务的虚拟企业。服务业中的联合订票系统、联合导游系统、网络就诊系统等就是通过网络化组合发挥远程通信设施的优势，为社会提供各种信息产品或虚拟信息服务产品，大大提高了社会服务功能，降低了服务成本。

无论虚拟企业的表现形式如何变化，组建虚拟企业的各成员必须具有一定的核心能力，因为核心能力是组建虚拟企业和进行虚拟运作的最基本的基础和前提，尽管现代通信技术的发展为虚拟经营提供了可能，但是一个没有核心能力的节点在虚拟经营时代是不会有所作为的。

### 7.4.2 模块化组织

#### 一、模块化组织形式

随着产品设计和生产的模块化，企业组织也出现了模块化倾向，产生了模块化组织。Sanchez 和 Mahoney(1996)认为，模块化组织是实现模块化产品生产过程的松散耦合的组织形式。一旦组织模块化后，原来的科层组织就很可能被松散耦合的组织角色取代，经过对组织各种要素柔性的重整，这种松散耦合的组织形态就成为一种新变种，即模块化组织。Daft 和 Lewin (1993)认为，模块化组织是“通过内部相互联系的协调和自组织的过程，以达到满足组织柔性和学习曲线效应的一种新型的组织范式”。一般认为，模块化组织是以复杂性产品的模块化分解为前提，以设计规则为整合纽带，以成员企业的核心能力为依托，由两个或两个以上的企业成员组成的一种“市场机遇驱动型”或者“产品分工驱动型”的互惠互利的合作组织。它优化了各种生产要素，以最小的投资对环境的变化做出快速协同反应。

模块化组织由模块整合企业和子模块制造商构成。模块整合企业一般是模块化组织中的核心企业，由它制定模块化设计的规则和界面，将不同供应商提供的符合模块界面规则的产品模块进行集成，制造出复杂的最终产品。而子模块制造商是指模块的制造企业或提供商，这类企业一般致力于研发和生产制造某类模块化的产品，它具有独特的核心能力和良好的协作能力，与模块整合企业保持紧密互动，是模块化组织中不可缺少的环节。

在模块化组织中，产品已经不再由单个企业独立生产，而是由网络组织中的成员企业合作完成，生产活动超越了企业边界。模块化组织内部相当于一个个“内部市场”，在不违反界面规则的前提下，组织成员可以自主创新，而不再是传统意义上完全依附于总部的科层单位。模块化组织突破了企业的组织和空间的有形边界，延伸了组织的无形边界，通过充分利用外部资源来减少单一企业的投资风险，保证和加速实现整体的市场目标，使组织成为高度柔性的敏捷制造体系。

## 二、模块化组织的案例——Dell 公司

### 1. Dell 公司的模块制造网络

Dell 计算机公司于 1984 年由 Michael Dell 创立。Dell 于 1994 年推出 www.dell.com 网站，并于 1996 年加入电子商务功能，成为企业利用网际网络进行商业活动的典范。Dell 公司独创的，依照不同需求，不经过经销商进行批量销售，而直接为客户量身定做计算机经营理念使其成为世界主要计算机系统厂商中的佼佼者，在美国，Dell 更是企业用户、政府部门、教育机构和消费者市场排名第一的个人计算机供应商。

Dell 在全球（美国、巴西、爱尔兰、中国、马来西亚等）六处不同的地点设有全生产线计算机系统的工厂。它要求供应商在工厂旁边盖仓库，就近供货，将原本下给 200 多家供应商的订单集中，交给其中 50 家。Dell 本身几乎可以做到接到订单后，再通知供应商送零件来，从进料到组装完出货只要 4 小时。这个观念类似丰田汽车当年的“零库存”（Just in Time）生产方式。为了降低库存并提高零件的流通性，供应商也发展出对应方法，就是把零件尽量模块化，减少库存多种不同零件的成本，增加不同零件间的兼容性。从设计的时候就开始考虑，采用标准化方式进行整合成模块，从而达到减少库存的目的。

在 Dell 看来，模块制造网络中模块供货商关系管理等于是公司内部管理的延伸，Dell 用“供货商关系管理”（SRM）系统来管理全球各地不同的模块供应商，包含做预估、订货、出货、品质、物流和服务等，并且通过这套系统让网络中的所有成员从物料管理进入更深层的信息流通，让合作关系更密切。

管理好整个模块化网络是 Dell 的核心能力所在，即让新产品在最短时间交到客户手上。其他环节 Dell 都会交出来给供应链上更有优势的其他伙

伴。Dell 通过对整个模块化网络的成功营建、控制,保证了公司"直销定制"的成功实施。依据这种独特的"Dell"模式,公司惊人的发展速度创造了 IT 行业的一个奇迹,调查数字显示,Dell 的成长速度是电脑行业平均值的十倍。

2. Dell 的成功原因

(1)模块业务外包方式。Dell 选择了全部模块外包的生产方式。与同行业的其他公司相比,Dell 下属的工厂并不设计、制造任何一个模块,而是将所有的模块业务外包出去,最后由总厂负责装配。而 Dell 模块化制造网络中的供应商实际上是在帮 Dell 管理库存,实现了 Dell 公司的零库存,极大地降低了库存管理成本。

(2)选择合适的供应商及对机会主义行为的规避。在选择参与伙伴的时候,Dell 根据行业自身的特点,选取的都是行业中有发展潜力,信誉比较好,能长期保持和 Dell 合作,满足 Dell 生产要求的模块供应商。

虽然 Dell 作为模块制造网络中的核心企业,能够对采取机会主义行为的模块供应商进行处罚,并不能仅因此可以保证网络的运行效率。模块制造网络中的任何一个环节出问题都会导致整个模块制造网络出问题,进一步导致由源头到最终产品的供应链瘫痪。另外,更换模块供应商也会导致效率的损失,会直接影响供应链最后的产出,而寻找新的模块供应商需要更大的协调成本,因此更换模块供应商要付出很大的代价。针对这个问题,Dell 在营建模块化网络的过程中采取了三种方法来进行规避:

首先,是挑选信誉高、符合 Dell 生产要求的供应商。挑选供应商的关键要素是信誉和成长性,能够保持高速的生产能力配合 Dell 的需求,能满足长期合作要求,而不仅仅是以价格作为选择的标准。

其次,在模块化生产的运作中,Dell 通过对模块需求的准确估算来保护合作的模块供应商的利益。因为 PC 行业生产的净利率非常低,一旦出现供应方面的估计失误,将会为供应商带来很大损失。而 Dell 的预估很准,一旦下单都不会更改。Dell 正是通过模块化网络内部的信息共享,帮助模块化网络内部的供应商确定相关模块的需求量,对自身的运作过程进行修正,避免出现高库存积压的情况,从而保护了他们的利益。

再次,在合作机制方面,Dell 采取的是要求长期合作的机制。它要求模块供应商在工厂周围建立仓库,一方面是要保证模块能够及时供应,另一方面也显示了长期合作的决心。总装企业采取长期合作的机制可以减少模块供应商的机会主义行为。

# 第八章　结　语

本文对网络经济下互联网络对企业、市场及其相互关系的影响进行了理论与实证的分析，得出以下主要的分析结论：

1. 网络经济下，互联网络应用会带来市场交易效率提高，能够有效降低分工的交易成本，促进企业之间分工不断深化，提高企业专业化程度。本文应用新兴古典经济学的超边际分析法，对网络经济环境下和传统经济环境下的分工与专业化均衡的变化情况进行理论分析，得出在网络经济情况下，互联网络的应用带来中间品与最终品交易效率提高，使得网络经济下参与分工的企业获得的均衡效用高于传统经济环境下所获得的均衡效用，原有均衡被打破，交易结构将朝着高度分工的方向转变。在企业追求效用最大化的前提下，如果中间品的交易效率在网络经济环境下提高程度大于最终品的交易效率，那么会有更多的企业愿意参与到中间品的生产分工中来，促使中间品的交易量大于传统经济条件下的交易量。

2. 本文认为网络经济下，互联网络应用对企业组织的影响是一个动态的过程，存在阶段性。中国企业互联网络应用对企业影响的实证研究显示，企业互联网络应用深度与企业专业化水平呈显著负相关关系，与内部层级降低呈显著正相关关系。这与前文的理论推演结果和国外企业的主要研究结论并不吻合，通过分析，我们认为网络互联应用对企业组织结构影响是一个动态的过程。我国企业大多处于互联网络应用的初级阶段，而发达国家企业大多处于互联网络应用的较高级阶段。在企业网络互联应用的初级阶段，网络互联应用主要局限于企业内部，在此阶段中，网络互联应用深度越深,企业内部网络越发达,这带来企业内部协调成本下降速度很快,极大程度地改善企业内部因为层级导致信息沟通障碍、效率低下的问题,降低了企业扩张的边际成本,因此企业可能会倾向于扩大业务范围,导致与企业专业化水平呈负相关关系。而当企业达到互联网络应用的高级阶段时,网络互联应用将扩展到企业外部,在这个阶段,随着网络互联应用的加深,将会更多地带来与业务伙伴信息沟通的便利,并且可以通过基于企业外部网络的信息系统进行包括生产等多方面的协作,使得企业与市场的信息交换更加便捷,从而显著地降低市场交易成本,这极大地降低了企业扩张的边际收益,企业因此可能会倾向于缩小业务范围,专业化程度提高。

3. 本文认为电子市场应用是网络经济下企业降低市场交易成本的主要途径之一。电子市场作为网络经济下市场的重要表现形式,与传统市场相比,可以帮助企业显著节约交易费用。通过实证研究,本文发现对企业是否应用电子市场体现了显著性的影响因素有预期(感受)的收益及预期(感受)的风险、规范同化及政府促进。

上述结论表明,我国绝大多数企业互联网络应用还处于初级阶段,局限于企业内部应用,这在降低企业内部协调成本方面效果显著。而发达国家企业互联网络应用已经进入高级阶段,互联网络应用拓展到企业之间,在降低市场交易成本方面效果显著。在电子市场应用方面,企业在是否应用电子市场以及通过应用电子市场获取收益受到多种因素的影响,为了进一步帮助企业提高互联网络应用效用,通过采用电子市场降低交易成本,我们提出以下建议:

(1)对于网络经济环境下的企业应促进互联网络应用阶段提升,注重企业间网络建设

企业的互联网络技术应用是一个动态的过程,存在从低级到高级阶段的转变。长远来看,可以细分为三个阶段:第一阶段,企业内部的互联(Intranet)。此阶段主要是控制企业内部成本,提高管理生产效率。第二阶段,企业与企业的互联(Extranet)。随着企业内部网络不断向外延伸,企业将自己

的局域网与那些与自己有密切业务关系的企业的网络进行互联,企业可以与自己的业务伙伴(包括供货商、经销商、服务商等)随时保持联系与沟通,不断拓展自己的业务。此阶段的目标主要是降低交易成本,提高交易效率。第三阶段,电子商务(E-commerce)。这是一个战略性的转变,企业开始在网上应用电子市场进行电子交易,并通过整合企业内部业务来推动企业实现网上交易方式的转变。

目前,大多数的中国企业均处于第一阶段,正在向第二阶段迈进,只有在互联网络应用的更高阶段,企业利用市场进行交易的成本才会出现有效下降,网络市场效率的提高才会得以体现。在进行互联网络深度应用时候,企业应该先与有紧密关联的企业建立 Extranet,实现信息共享达到共同降低成本的目的;然后借助互联网将其业务拓展到互联网络,寻求更多的交易机会与发展。在发展企业间网络建设过程中,企业需要在资金准备、设备采购、软件采购、人员组织等几个方面协调工作,这是一个系统工程,它需要涉及资金、人员、物资三个方面,需要有专门组织机构进行管理和实施。企业间电子商务的实施影响的不仅仅是某个业务和某个部门,它将影响到企业各个层面和整个业务流程,而且深刻影响着与企业相关联的其他企业。

(2)对于政府应促进推广电子市场,完善电子市场公共环境

本文研究中再次证明了,政府对企业电子市场采纳行为有重要影响作用。电子市场是企业开展电子商务的主要平台,政府机构对电子商务的支持鼓励,对企业电子市场采纳意图和企业电子市场应用范围具有显著的影响作用。在各类人为促进因素中,政府的促进作用是最为显著、并在不同情况下都能显示出显著的促进力。营造一个健康有效的电子市场离不开完善的电子商务公共服务环境。完善电子市场环境包括完善电子市场交易的安全、信用、支付手段、物流支持以及相关的电子商务法律、法规等。电子市场是建立在因特网上的电子虚拟市场,它的安全性、信用一方面要靠技术来解决,另一方面要依赖于相关法律、法规的保障。技术对电子市场安全性的保障主要是通过加密、认证等技术措施,而后者依赖于政府不断充实与完善的

相关法律与法规,政府对促进电子市场发展的作用是不容忽视的,我国的社会制度决定了政府在发展市场经济中所具有的巨大影响力,政府应充分利用这种影响力,逐步完善电子市场环境,推动电子市场发展。如各级政府为了促进企业通过电子市场进行交易,可以根据具体情况,从税收、资金等方面对电子市场上的交易活动进行必要的扶持。此外,一个公开、公平、公正且相互信任的电子市场环境,不仅依赖于电子市场交易者自身的素质和商业信用,更依赖于完善的制度,只有将交易者的自律和严厉的社会监督结合起来,才能逐步完善电子市场的环境。

(3)对于电子市场应着力于降低企业预期风险

据研究结果,大多数企业采纳 B2B 电子市场的首要理由是利益因素,因此电子市场发起者企业或电子市场中介企业需要让参与企业进一步了解这些利益所在,让他们具有采纳行为动机发生所需要的经济理性支持,或者说内在的认知动力。而阻碍企业采纳 B2B 电子市场首要因素则是预期风险,这里风险主要包括电子市场信息不对称,逆向选择问题。电子市场中的在线交易往往存在于现实生活中从未谋面,尤其是厂商身份不易识别而导致买方对产品质量无法把握而带来的风险,因此电子市场发起者企业或电子市场中介企业应该致力于提供更规范和更多样的风险规避方案,尤其是建立和进一步完善在线信誉评价系统以及企业的信用评级。当然,现在主要的电子市场中介平台,如阿里巴巴等都已经为付费会员提供了身份核实、支付宝中间担保机制等,这些专业服务已经让会员企业在交易时感受到交易风险得到有效控制,这也是前文实证中发现参与电子市场企业所感知到的风险与应用范围不显著相关的主要原因。而实证分析显示预期风险与企业进入电子市场意愿呈显著负相关关系,这意味着面对尚未进入电子市场的企业,电子市场中介平台应该加大宣传与推广力度,尽量降低企业的预期风险。除了电子市场运营企业之外,政府在降低企业预期风险方面的作用也不可低估。政府可以采取一系列的规制措施,根据电子市场交易特点,为用户提供厂商注册信息查询以及企业信用查询等服务,并制定与网络交易相符合的防止电子市场中价格欺诈或质量欺诈等违法交易行为的法律法规。

(4)对于电子市场还应针对企业需求提供更有效率的服务和功能

电子市场往往是由专业电子商务公司发起的,这些公司可能缺乏行业经验,因此在设计电子市场功能等方面更应该充分征求潜在用户的意见,考虑行业特点,注意统一标准。统一的标准不仅有利于以后企业与电子市场的协同,也有利于电子市场与行业供应链的协同。电子市场的表达方式——网站对企业来说是一个无形的市场场所,因此网站的建设就意味着造市者应为企业提供一个良好的市场基础设施,方便企业在其中开展经营活动。

考虑到中小型企业的信息化投入有限,因此电子市场可以为企业提供更多的软件服务,让企业无须投资就可以提高企业的信息化水平,比如,电子市场可以为采用企业提供可共享的各种应用软件服务,如人力资源管理软件、客户关系管理软件、财务管理等,企业只需要配备电脑和浏览器,就可以通过互联网应用这些软件服务,提高企业运作效率,实现企业运作流程与电子市场。

# 附　录

## 企业互联网络应用情况调研问卷

<table>
<tr><td colspan="2">调查简介：</td></tr>
<tr><td colspan="2">调研主管单位：南京大学商学院</td></tr>
<tr><td>调研联系人：</td><td>南京大学电子商务系：吴清(博士生，讲师)<br>地址：南京市汉口路22号南京大学<br>电话：13952009910<br>E-mail：wuqing@nju.edu.cn</td></tr>
</table>

| 声明： |
| --- |
| 各位先生、女士：<br>您好！这是一份学术性的问卷，探讨企业在互联网技术应用方面的一些问题，希望能获得您的支持与协助。本问卷共有5页，主要想了解您对这些问题的看法。<br>本问卷的各个题项与答案并无对错之分，而您所填的答案仅供整体统计分析之用，不会个别处理或公开发表，资料绝对保密，且不需要填写个人姓名，尽请放心回答。十分感谢您的协助及支持。 |

<table>
<tr><td>问卷作答提示：</td></tr>
<tr><td>1）以下为单选题，请根据您公司的具体情况，选择您对问题表述的认同程度，并在相应的选项格里打钩（√）。选项格数字的含义是：（1）强烈不同意（2）比较不同意（3）既非同意也非不同意（4）比较同意（5）强烈同意<br>比如说，您有点同意“公司经常为员工提供学习机会”这样的表达，按照以上规则，您应选择所对应的选项格处打钩（√）。<br><br>
<table>
<tr><td></td><td></td><td>1</td><td>2</td><td>3</td><td>4</td><td>5</td></tr>
<tr><td></td><td></td><td colspan="5">强烈不同意↔强烈同意</td></tr>
<tr><td></td><td>您公司经常为员工提供学习机会</td><td></td><td>√</td><td></td><td></td><td></td></tr>
</table>
2）电子表格作答时，可以复制“√”，复制至相应选项处，如果是“□”选项请复制到“□”之后，例如：□国有企业 □民营企业，如果贵公司是国有企业的话，请将“√”复制在国有企业选项的“□”后。如 □√国有企业 □民营企业<br>3）如果您的企业不涉及采购或生产制造等流程，则相关的问题可以不用作答，只回答您企业涉及的项目。</td></tr>
</table>

## Q1：企业因特网应用深度

在下列描述中，最符合贵公司 Internet 利用程度的是：（　　　）

1） 员工使用 E-mail 沟通以及浏览网页

2） 员工使用 E-mail 沟通以及浏览网页，<u>客户在线下订单</u>

3） 员工使用 E-mail 沟通以及浏览网页，客户在线下订单，<u>并且在客户下单的同时，我们的外部供应商能立刻收到我们的订单</u>

4） 员工使用 E-mail 沟通以及浏览网页，客户在线下订单，并且在客户下单的同时，我们的外部供应商能立刻收到我们的订单，<u>客户还可以在线查询订单处理状况和进展</u>

5） 员工使用 E-mail 沟通以及浏览网页，客户在线下订单，并且在客户下单的同时，我们的外部供应商能立刻收到我们的订单，客户还可

以在线查询订单处理状况和进展，并且，在交付后，客户通过在线方式提供意见和反馈

在下列描述中，最符合贵公司现状的是：（　　）

1） 客户无法在线下单

2） 客户可以在线购买货品/服务，但我们只有不到25%的货品/服务在线上销售

3） 绝大部分货品/服务都可以在线销售，目前有不到25%的订单来自线上

4） 绝大部分货品/服务都可以在线销售，目前有25%到50%的订单来自线上

5） 绝大部分货品/服务都可以在线销售，目前有50%以上的订单来自线上

在下列描述中，最符合贵公司现状的是：（　　）

1） 没有供应商通过网络连接至我公司

2） 有少于25%的供应商通过Internet连接到我公司的内网

3） 为了与我公司开展业务，供应商必须通过Internet连接到我公司的内网

4） 为了与我公司开展业务，供应商必须通过Internet连接到我公司的内部网络，并且，如果需要的话，我们会帮助供应商接入Internet以便连到我公司内部网络

5） 我公司已经全面整合供应链，供应商/合作伙伴是我公司扩展的虚拟企业中重要成员，他们可以访问我公司的数据库、产品/服务安排、库存管理、物流系统等

在下列描述中，最符合贵公司现状的是：（　　）

1） 只有极少数员工拥有公司配备的能连上网的电脑

2） 管理层/白领人员拥有公司配备的能连上网的电脑

3） 管理层和一般员工都拥有公司配备的能连上网的电脑

4） 管理层和一般员工都拥有公司配备的能连上网的电脑，一些人可以在家里通过互联网远程办公

5） 所有员工都拥有公司配备的可以接入到公司网络的电脑。熟练使用网络是工作有效的必要条件

在下列描述中，最符合贵公司现状的是：（ ）

1） 人事部门管理员工纸质档案，员工需要查询信息必须与人事部门沟通

2） 公司已经开始人事档案和流程电子化的工作

3） 部分员工可以在线访问/选择/改变个人信息

4） 全部员工都可以在线访问/选择/改变个人信息，并已成为工作习惯

5） 全部员工都可以在线访问/选择/改变信息，并已成为工作习惯，此外，员工的个人发展规划和绩效考核也可以通过在线完成

在下列描述中，最符合贵公司现状的是：（ ）

1） 员工财务报销的申请/审批都通过纸质文档，发票贴在文档后

2） 财务报销申请已经电子化，但申请人仍需提交纸质文档，由专门人员录入系统

3） 员工直接通过在线系统进行财务报销申请

4） 员工直接通过在线系统进行财务报销申请，符合财务制度的申请可以被自动审批通过

5） 员工直接通过在线系统进行财务报销申请，符合财务制度的申请可以被自动审批通过，出纳可以通过在线系统把款项打入员工银行卡

在下列描述中，最符合贵公司现状的是：（ ）

1） 财务数据无法在线获得，管理层通常在结账后一个星期得到结果

2） 财务数据无法在线获得，管理层通常在结账后一个星期得到结果，但是已开始进行把财务电子化的工作

3） 可以在线获得部分财务数据，管理层可以在线查看数据，辅助决策

4） 可以在线获得每日/周/月更新的财务数据，某些数据（譬如销售收入/日常营业数据）的变化图表会被自动发送给相关员工，以便他们及时响应

请在下面的列表中钩选出贵公司可以在线完成的项目：

| | 是 | 否 |
|---|---|---|
| 员工培训与工作技能培训 | | |
| 招聘信息发布与电子简历收取 | | |
| 员工个人发展规划 | | |
| 员工绩效考核 | | |
| 员工奖金评定 | | |
| 员工出差计划与申请 | | |
| 员工产品/服务知识培训 | | |
| | | |
| 财务预算的编辑修改 | | |
| 员工财务报销 | | |
| 财务数据的报告/审阅/修订 | | |
| 资金预算的申请/审批 | | |
| 付款收款 | | |
| | | |
| 客户试用产品/服务的时间安排 | | |
| 客户对产品/服务交付情况跟踪 | | |
| 客户产品/服务支持 | | |
| 客户产品/服务的用户培训 | | |
| 客户联系记录 | | |
| 客户反馈意见的收集 | | |
| | | |
| 给供应商/合作伙伴的需求报告/计划 | | |
| 产品设计与开发 | | |
| 了解供应商/合作伙伴的产品制造状态 | | |
| 了解供应商/合作伙伴的服务交付状态 | | |
| 了解产品/服务的交付/安装状态 | | |

续 表

| 对供应商的培训与指导 | | |
|---|---|---|
| 工厂生产管理及流程控制 | | |
| 对供应商/合作伙伴的工厂生产管理及流程控制 | | |

## Q2：企业组织、专业化程度变更情况

请选择您对以下关于贵公司在使用 Internet 技术之后描述的同意程度

| | | 1 | 2 | 3 | 4 | 5 |
|---|---|---|---|---|---|---|
| | | 强烈不同意↔强烈同意 | | | | |
| | 公司的业务范围在缩小，专业化程度在提高。许多非核心竞争力的业务正转向外包或已转为外包 | | | | | |
| | 与前些年比，公司有了更多的外部战略合作伙伴/联盟/合资企业 | | | | | |
| | 公司管理结构的层级显著变少 | | | | | |
| | 公司的官僚作风显著变少 | | | | | |
| | 兼并/收购/出售的次数显著增多 | | | | | |
| | 许多低附加值/低技能的工作职位正在/已经消失 | | | | | |

## Q3：企业绩效

（1）公司总体业绩

请选出最接近贵公司业绩表现的描述，请尽可能客观中肯

| 与主营业务的同行相比: | | | | | | |
|---|---|---|---|---|---|---|
| | 0 | 1 | 2 | 3 | 4 | 5 |
| | 不适用 | 最差 20% | 中下 20% | 中等 20% | 中上 20% | 最好 20% |
| 利润率与财务绩效 | | | | | | |
| 股价表现 | | | | | | |
| 总体业绩 | | | | | | |

(2)网络营运绩效

请根据贵公司的状况,选出您觉得最接近的描述

| | | 1 | 2 | 3 | 4 | 5 |
|---|---|---|---|---|---|---|
| | | 强烈不同意↔强烈同意 | | | | |
| | 公司成员对网络化和信息化应用非常满意 | | | | | |
| | 绝大多数员工都能够使用到公司信息技术及网络 | | | | | |
| | 信息与网络技术使得公司能够与绝大多数的客户保持接触 | | | | | |
| | 信息与网络技术使得公司降低了成本开支 | | | | | |
| | 信息与网络技术降低了公司的人员数量 | | | | | |

## 企业基本情况

| 基本信息 | |
|---|---|
| 您公司名称 | |
| 公司有自己的 | □网站　　□内部网络 |
| 公司全球化的程度 | □本土业务，没有国际客户<br>□客户集中在国内，有少量国际客户<br>□客户分布在全球<br>□在多个国家有分公司或办事处，客户分布在全球 |
| 公司所属行业 | □制造业 □建筑业 □交通运输、仓储和邮政业 □金融业 □批发和零售业□贸易业 □信息传输、计算机服务和软件业 □房地产业 □其他行业（请指明） |
| 公司性质 | □国有企业 □民营企业 □三资企业 □非营利组织 □集体企业 |
| 公司成立时间 | |
| 公司年销售额 | 万元人民币 |
| 公司年采购额 | 万元人民币 |
| 公司从何时起开始积极有效地利用网络 | □1 年前 □1～2 年前 □2～3 年前 □3～4 年前 □4～5 年前□5～10 年前 □10 年前 |
| 公司雇员规模 | □3000 人以上 □1000～2999 人 □500～999 人□200～499 人 □100～199 人 □50～99 人 □50 人以下 |
| 填表人级别 | □高层管理人员 □中层管理人员 □其他 |
| 您是否愿意我们以电子邮件形式给您寄送一份调研报告？ | |
| 是（邮件地址：）否 | |
| 填表日期： | |

# B2B 电子市场应用影响因素及效果调查问卷

<table>
<tr><td colspan="2">调查简介:</td></tr>
<tr><td colspan="2">调研主管单位:南京大学商学院</td></tr>
<tr><td>调研联系人:</td><td>南京大学电子商务系:吴清(博士生,讲师)<br>地址:南京市汉口路22号南京大学<br>电话:13952009910<br>E-mail:wuqing@nju.edu.cn</td></tr>
</table>

| 声明: |
|---|
| 各位先生、女士:<br>您好!这是一份学术性的问卷,探讨企业使用B2B电子市场影响因素及效果方面的一些问题,希望能获得您的支持与协助。本问卷共有5页,主要想了解您对这些问题的看法。<br>本问卷的各个题项与答案并无对错之分,而您所填的答案仅供整体统计分析之用,不会个别处理或公开发表,资料绝对保密,且不需要填写个人姓名,尽请放心回答。十分感谢您的协助及支持。 |

| 术语定义: |
|---|
| B2B电子市场:是一个能够为采购商和供应商提供产品和服务交易信息的互联网交易平台。<br>您公司若参与了以下三类中的任意一类电子市场均属于采用了B2B电子市场。<br>(1)由中介方建立的电子市场。由独立的第三方中介建立并控制的电子市场,吸引买方和卖方在电子市场上发布供应和需求信息,促进双方信息的共享和协调,并协助双方最终完成电子交易。如国内的阿里巴巴、环球资源网等<br>(2)由购买方控制的市场。采购方自己建立的市场,由采购方控制,并将自己的采购需求放到B2B电子市场上,以在更大范围内吸引供应商,提高采购效率,如沃尔玛<br>(3)由供应方控制的市场。供应商自己建立的市场,由供应商控制,并将自己的产品放到B2B电子市场上,以在更大范围内吸引购买方,降低销售成本,如 Intel |

<table>
<tr><td>问卷作答提示：</td></tr>
<tr><td>1）以下为单选题，请根据您公司的具体情况，选择您对问题表述的认同程度，并在相应的选项格里打钩（√）。选项格数字的含义是：（1）强烈不同意，（2）比较不同意（3）既非同意也非不同意，（4）比较同意（5）强烈同意<br>比如说，您有点同意“公司经常为员工提供学习机会”这样的表达，按照以上规则，您应选择所对应的选项格处打钩（√）。<br>
<table>
<tr><td></td><td></td><td>1</td><td>2</td><td>3</td><td>4</td><td>5</td></tr>
<tr><td></td><td></td><td colspan="5">强烈不同意↔强烈同意</td></tr>
<tr><td></td><td>您公司经常为员工提供学习机会</td><td></td><td>√</td><td></td><td></td><td></td></tr>
</table>
2）电子表格作答时，可以复制“√”，复制至相应选项处，如果是“□”选项请复制到“□”之后，例如：□国有企业 □民营企业，如果贵公司是国有企业的话，请将“√”复制在国有企业选项的“□”后。如 □√ 国有企业 □民营企业</td></tr>
</table>

## Q1：企业现有信息技术能力

<table>
<tr><td colspan="2" rowspan="2"></td><td>1</td><td>2</td><td>3</td><td>4</td><td>5</td></tr>
<tr><td colspan="5">强烈不同意↔强烈同意</td></tr>
<tr><td></td><td>我公司已经配备了先进的信息技术系统</td><td></td><td></td><td></td><td></td><td></td></tr>
<tr><td></td><td>计算机被广泛应用于日常的业务运营</td><td></td><td></td><td></td><td></td><td></td></tr>
<tr><td></td><td>总的来说，我公司雇员具有较高的计算机技能</td><td></td><td></td><td></td><td></td><td></td></tr>
<tr><td></td><td>我公司为雇员提供有关计算机和互联网方面的培训</td><td></td><td></td><td></td><td></td><td></td></tr>
<tr><td></td><td>我公司具有水平很高的信息技术部门（运营与维护）</td><td></td><td></td><td></td><td></td><td></td></tr>
<tr><td></td><td>总的来说，我公司具有实施电子商务的人才储备</td><td></td><td></td><td></td><td></td><td></td></tr>
</table>

## Q2:企业财力状况

| | | 1 | 2 | 3 | 4 | 5 |
|---|---|---|---|---|---|---|
| | | 强烈不同意↔强烈同意 | | | | |
| | 我公司目前的财务状况令人满意 | | | | | |
| | 我公司通常具有足够的资金用于开发新的业务 | | | | | |
| | 我公司通常保留足够的可用资金,保证信息系统的实施、购买、维护 | | | | | |

## Q3:企业竞争者与合作伙伴采纳状况

| | | 1 | 2 | 3 | 4 | 5 |
|---|---|---|---|---|---|---|
| | | 强烈不同意↔强烈同意 | | | | |
| | 行业内的竞争对手,正在使用或者很快将要使用 B2B 电子市场 | | | | | |
| | 行业内的领头企业,正在使用或者很快将要使用 B2B 电子市场 | | | | | |
| | 行业内已经出现了使用 B2B 电子市场非常成功的竞争者 | | | | | |
| | 我公司大部分业务伙伴正在采用或者将要很快采用 B2B 电子市场 | | | | | |
| | 我公司被重要的业务伙伴建议采用 B2B 电子市场 | | | | | |
| | 我公司被大部分业务伙伴建议采用 B2B 电子市场 | | | | | |

## Q4:高层支持

| | | 1 | 2 | 3 | 4 | 5 |
|---|---|---|---|---|---|---|
| | | 强烈不同意↔强烈同意 | | | | |
| | 您公司高层认为利用 B2B 电子市场对获取或维持竞争力很重要 | | | | | |
| | 您公司高层提出过使用 B2B 电子市场计划 | | | | | |
| | 您公司高层对采用 B2B 电子市场十分关注 | | | | | |

## Q5:政府影响

| | | 1 | 2 | 3 | 4 | 5 |
|---|---|---|---|---|---|---|
| | | 强烈不同意↔强烈同意 | | | | |
| | 政府主管部门对我公司类型的企业采用 B2B 电子市场非常支持 | | | | | |
| | 政府主管部门对企业采用 B2B 电子市场应用特别推荐 | | | | | |
| | 政府主管部门对采用 B2B 电子市场的企业提供优惠政策或经济补贴 | | | | | |

## Q6:利用 B2B 电子市场进行营销的(预期)收益

如果您企业没有利用电子市场进行营销,那么请根据您预期的收益来进行选择:

如果您企业已经利用电子市场进行营销,那么请根据您企业的实际使用情况选择:

| | | 1 | 2 | 3 | 4 | 5 |
|---|---|---|---|---|---|---|
| | | 强烈不同意↔强烈同意 | | | | |
| | 利用电子市场可以非常轻易得到关于市场/价格/消费者评价的相关信息 | | | | | |
| | 电子市场的在线搜索工具可以使搜索流程精准有效 | | | | | |
| | 查找相关信息只耗费极少的时间和金钱 | | | | | |
| | 电子市场可以帮助我公司有效地就订单数量/价格/交付时间等进行协商 | | | | | |
| | 电子市场可以帮助我们公司在与客户协商上降低花费 | | | | | |
| | 电子市场可以帮助我们公司在产品的质量控制上降低花费 | | | | | |
| | 电子市场可以帮助我们公司花费更少的时间来保证合同义务的履行 | | | | | |

**Q7：我公司目前采用电子市场进行销售占总销售额占比例大概为：：**

1. 0　2. 20%以下　3. 20% －50%　4. 50－80%　5. 80%以上

如果你没有用到任何电子市场中介，请跳至Q10

**Q8：我公司目前营销使用到的B2B电子市场进行有：**

A：中文名：________ 域名：________ 会员种类：________ 会费：____

B：中文名：________ 域名：________ 会员种类：________ 会费：____

C：中文名：________ 域名：________ 会员种类：________ 会费：____

D：中文名：________ 域名：________ 会员种类：________ 会费：____

## Q9：以下是公司使用电子市场后业绩表现的描述，请相对与竞争对手的表现选择您对各个描述的同意程度

| | | 1 | 2 | 3 | 4 | 5 |
|---|---|---|---|---|---|---|
| | | 强烈不同意↔强烈同意 | | | | |
| | 市场占有率提高了 | | | | | |
| | 销售额提高了 | | | | | |

## Q10：如果我公司目前还没有使用 B2B 电子市场进行营销，您觉得公司采纳如下计划的可能性如何？

| | | 1 | 2 | 3 | 4 | 5 |
|---|---|---|---|---|---|---|
| | | 强烈不同意↔强烈同意 | | | | |
| | 公司很可能在近期使用 B2B 电子市场 | | | | | |

## Q11：利用 B2B 电子市场采购（预期）收益

如果您企业没有利用电子市场进行采购，那么请根据您预期的收益来进行选择

如果您企业已经利用电子市场进行采购，那么请根据您企业的实际使用情况选择

| | | 1 | 2 | 3 | 4 | 5 |
|---|---|---|---|---|---|---|
| | | 强烈不同意↔强烈同意 | | | | |
| | 能与更多的供应商取得联系 | | | | | |
| | 有助于提高价格透明度 | | | | | |
| | 能方便地找到所需要的产品信息 | | | | | |
| | 有助于获得更优惠的价格 | | | | | |
| | 有助于寻找低成本的产品或物料 | | | | | |
| | 降低了采购人力与物力的消耗 | | | | | |
| | 缩短了采购时间 | | | | | |
| | 缩短商品从概念到产品的生产周期 | | | | | |

## Q12：利用 B2B 电子市场采购的预期风险

如果您企业没有利用电子市场进行采购，那么请根据您预期的风险来进行选择

如果您企业已经利用电子市场进行采购，那么请根据您企业的实际使用情况选择

以下问题会影响本企业通过电子市场来进行产品和物料的采购：

| | | 1 | 2 | 3 | 4 | 5 |
|---|---|---|---|---|---|---|
| | | 强烈不同意↔强烈同意 | | | | |
| | 存在被竞争对手获取敏感商业信息的潜在风险 | | | | | |
| | 担忧发生纠纷后很难解决 | | | | | |
| | 不能确定供应商的真实身份 | | | | | |
| | 不能确定供应商是否有能力履行合约 | | | | | |
| | 业务流程的协作成本很高 | | | | | |

## Q13：您公司利用电子市场的采购占总采购额比例大概为：

1. 0　2. 20%以下　3. 20% -50%　4. 50 -80%　5. 80%以上

## Q14：您公司未来准备利用电子市场进行的采购占总采购额比例大概为

1. 0　2. 20%以下　3. 20% -50%　4. 50 -80%　5. 80%以上

## Q15：采购中使用过的 B2B 电子市场分别为：

A：中文名：________ 域名：________ 会员种类：________ 会费：____

B：中文名：________ 域名：________ 会员种类：________ 会费：____

C：中文名：________ 域名：________ 会员种类：________ 会费：____

D：中文名：________ 域名：________ 会员种类：________ 会费：____

<table>
<tr><td colspan="2">基本信息</td></tr>
<tr><td>您公司名称</td><td></td></tr>
<tr><td>公司所属行业</td><td>□制造业 □建筑业 □交通运输、仓储和邮政业 □金融业 □批发和零售业□贸易业 □信息传输、计算机服务和软件业 □房地产业 □其他行业（请指明 ）</td></tr>
<tr><td>公司性质</td><td>□国有企业 □民营企业 □三资企业 □非营利组织 □集体企业</td></tr>
<tr><td colspan="2">公司成立时间</td></tr>
<tr><td>公司年销售额</td><td>万元人民币</td></tr>
<tr><td>公司年采购额</td><td>万元人民币</td></tr>
<tr><td>雇员规模：</td><td>□3000 人以上 □1000～2999 人 □500～999 人□200～499 人 □100～199 人 □50～99 人 □50 人以下</td></tr>
<tr><td>填表人级别</td><td>□高层管理人员 □中层管理人员 □其他</td></tr>
<tr><td colspan="2">您是否愿意我们以电子邮件形式给您寄送一份调研报告？<br>是(邮件地址：                    )<br>否</td></tr>
<tr><td colspan="2">填表日期：</td></tr>
</table>

# 参考文献


[1]Afuah A. ,Tucci CL. A model of the Internet as Creative Destroyer[J]. Transactions on Engineering Management 2003a. ,50(4):395 -402.

[2]Afuah A. Redefining firm boundaries in the face of the Internet:are firms really shrinking?[J]. Academy of Management Review,2003,28(1):34 -53.

[3]Alina M. Chircu,Robert J. Kauffman,Limits to Value in Electronic Commerce—Related IT Investments[J]. Journal of Management Information Systems,2000(fall),17(2),59 -80.

[4]Ansoff HI. ,Avner J. ,Brandenburg RG. ,Portner FE. ,Radosevich R. ,Does planning pay off? The effects of planning on success of acquisitions in American firms[J]. Long Range Planning,1970,3(2):2 -7.

[5]Attewell P. ,Rule J. Computing and organizations:what we know and what we dont know[J]. Communications of the ACM,1984,27:1184 -1192.

[6] Bailey, T. , Discretionary Effort and the Organization of Work: Employee Participation and Work Reform Since Hawthorne, Working Paper, Columbia University, New York, 1993.

[7]Bakos Y. , Reducing buyer search costs:implications for electronic marketplaces[J]. Management Science,1997,43:1676 -1692.

[8]Bakos,Y. , The Emerging Role of Electronic Market Places on the Intemet[J]. Communications of the ACM,1998,8:35 -42.

[9]Baldwin,Carliss Y. , Kim B. Clark. Managing in An Age of Modularity[J]. Harvard Business Review,1997,5:75 -96.

[10]Barnett R. R. and Mackness,J. R. , An Action Research Study of Small Firm[J]. Management Journal of Applied Systems,1983,10:63 -83.

[11]Barney,J. , Firm Resources and Sustained Competitive Advantage[J]. Journal of Management,1991,17(1):99 -120.

[12]Bartel, A. P. ,C. Ichniowski and K. ,Shaw, How does Information Technology Really Affect

Productivity?,NBER Working Paper,11773,2005.

[13] Barua A. ,Konana P. ,Whinston A. B. ,Yin F,Driving e-business excellence[J]. Sloan Management Review Fall,2001: 36 – 44.

[14] Becker GS. ,Murphy KM. The Division of Labor Coordination costs, and Knowledge[J]. Quarterly Journal of Economics,1992,107(4):1137 – 1160.

[15] Black,S. and L. Lynch. What's Driving New Economy:The Benefit of Workplace Innovation, NBER Working Paper,7479,2000.

[16] Black,S. and Lynch,L. How to Compete:The Impact of Workplace Practices and Information Technology on Productivity [J]. Review of Economics and Statistics, August 2001, 83 (3):434 – 445.

[17] Blau P. ,Meyer MW. Bureaucracy in Modern Society[M]. Random House:New York,1971

[18] Bolton,P. and Dewatripont,M. The Firm as a Communication Network[J]. Quarterly Journal of Economics,1994,109:809 – 839.

[19] Boning,B. ,C. Ichniowski and K. ,Shaw. Opportunity Counts:Teams and The Effectiveness of Production Incentives,NBER Working Paper,8306,2001.

[20] Bourgeois LJ. , On the measurement of organizational slack[J]. Academy of Management Review,1981,6:29 – 39.

[21] Bracker JS. ,Pearson JN. , Planning and financialperformance of small, mature firms[J]. Strategic Management Journal,1986,7(6):503 – 522.

[22] Breshnahan,T. ,Brynjolfsson,E. , Hitt,L. Information technology,workplace organization,and the demand for skilledlabor:firm level evidence[J]. Quarterly Journal of Economics,2002, 117:339 – 376.

[23] Brews PJ. ,Hunt MA. Learning to plan and planning to learn:resolving the Planning School/Learning School debate[J]. Strategic Management Journal,1999,20(10):889 – 913.

[24] Brews PJ. ,Tucci CL. , Internetworking:building internet generation companies[J]. Academy of Management Executive,2003,17(4):8 – 24.

[25] Brynjolfsson E. ,Malone TW. ,Gurbaxani V. ,Kambil A. Does information technology lead to smaller firms? [J]. Management Science,1994,40(12):1628 – 1644.

[26] Brynjolfsson E. ,Yang S. Information technology and productivity:a review of the literature [J]. Advances in Computers,1996,43:179 – 214.

[27] Brynjolfsson E. ,The productivity paradox of information technology[J]. Communications of the ACM,1993,26(12):67 -77.

[28] Brynjolfsson, E. , and Hitt, L. Productivity, Profit and Consumer Welfare: Three Different Measures of Information Technology's Value[J]. MIS Quarterly,1996,June 121 -142.

[29] Brynjolfsson, E. , and Hitt, L. , Information technology and organizational design: evidence from micro data. MIT Working Paper,1998.

[30] Brynjolfsson,E. and Hitt,L. Computing Productivity:Firm-level Evidence[J]. Review of Economics and Statistics,2003,85/4:793 -808.

[31] Bucklin L. P. ,S. Sengupta,Organizing Successful Co-marketing Alliance[J]. Journal of Marketing,1993,57(2):32.

[32] Burn,J. M. ,The New Cultural Revolution:The Impact of EDI on Asia[J]. Journ al of Global InformationManagement,1995,3(4):16 -23.

[33] Burns S. How companies use the Internet [J]. Far East Economic Review, 2000, 163 (48):56 -62.

[34] Capron L. The long-term performance of horizontal acquisitions[J]. Strategic Management Journal, 1999, 20(11):978 -1018.

[35] Caricano L. ,S. N. Kaplan. The Effect of Business-to-Business E - commerce on Transactions Costs[J]. Journal of Industrial Economics,2001,49(4):463 -485.

[36] Chan YE. IT Value:the Great Divide Between Qualitative and Quantitative and Individual and Organizational Measures [J]. Journal of Management Information System, 2000, 16 (4):225 -261.

[37] Chandler, A. , The Visible Hand: The Managerial Revolution in American Business, Cambridge, Harvard University Press. 1977.

[38] Charles,Field,Ritzman. The Value of Outsourcing: A Field Study[J]. Information Systems Management,2003,4:84 - 89.

[39] Chatterjee,D. ,Grewal,R. ,Sambamurthy,V. Shaping Up for E - commerce:Institutional Enablers of the Organizational Assimilation of Web Technologies[J]. Mis Quarterly,2002,26 (2),65 -89.

[40] Chiles TH. ,McMackin JF. Integrating Variable Risk Preferences,Trust,and Transaction Cost Economics[J]. Academy of Management Review 1996, 21:73 -100.

[41]Choudhury V., K. S. Hartzel. Uses and Consequences of Electronic Markets: An Empirical Investigation in the Aircraft Parts Industry[J]. MIS Quarterly, 1998, 22(4): 471 – 503.

[42]Chrusciel, Don. The Internet Intermediary: Gateway to Internet Commerce Opportunities[J]. Journal of Internet Banking and Commerce, 2000, 5 (1).

[43]Chwelos, P., Benasat, I., Dexter, A. S. Reaseach Report: Empirical Test of an EDI Adoption Model[J]. Information System Reasearch, 2001, 12(3): 304 – 321.

[44]Ciborra CU., Teams, Markets, and Systems[M]. Cambridge University Press: Cambridge, U. K, 1993.

[45]Clark, Theodore H., Ho Geun Lee. Electronic Intermediaries: Trust Building and Market Differentiation[C]. Proceeding of the 32nd Hawaii International Conference on System Science. 1999.

[46]Clemons EK, Kimbrough SO. Information systems, telecommunications, and their effects on industrial organization[C]. In Proceedings of the 7th International Conference on Information Systems, San Diego, CA; 1986, 99 – 108.

[47]Clemons EK., Reddi SP., Row MC. The impact of information technology on the organization of economic activity: the ́move to the middle ́hypothesis[J]. Journal of Management Information Systems, 1993, 10(2): 9 – 36.

[48]Clemons EK., Row MC. Sustaining IT advantage: the role of structural differences[J]. MIS Quarterly, 1991, 15(3): 275 – 292.

[49]Clemons EK., Row MC. Information technology and industrial cooperation: the role of changing transaction costs[J]. Journal of Management Information Systems, 1992. 9(2): 9 – 28.

[50]Coltman T., Devinney TM., Latukefu A., E-business: revolution, evolution, or hype? [J]. California Management Review, 2001, 44(1): 57 – 79.

[51]D. Robert, A. Nygaard, An empirical investigation of ex post transaction costs in franchised Distribution Channels, Journal of Marketing Research, 1999, 36(2): 160 – 170.

[52]Dewan S., Kraemer KL, Information technology and productivity: evidence from country-level data[J]. Management Science, 2000, 46(4): 548 – 562.

[53]Dewan S., Michael SC., Min C. Firm characteristics and investments in information technology: scale andscope effects[J]. Information Systems Research, 1998, 9(3): 219 – 232.

[54]Dyer, J.; Cho, D., Chu, W., Strategic supplier segmentation: the next "best practice" in

supply chain management? [J]. California Management Review,1998,40(2):57 -77.

[55]Echikson W. ,When oil gets connected[J]. Business Week,2001,December:28 -30.

[56]Elise. W. ,David. A. N. Diagnosis for organization design,Diagnosis for organizational change: method and models[M]. NewYork:the Guilford Press. 1994.

[57]Evans P. ,Wurster TS. Strategy and The New Economics of Information[J]. Harvard Business Review,1997,75(5):71 -82.

[58]Ferguson TD. ,Ketchen DJ Jr. Organizational Configurations and Performance:The role of Statistical Power in Extant Research [J]. Strategic Management Journal, 1999, 20 (4):385 -395.

[59]Feurer R. ,K. Challarbaghl and J. Wargin. Aligning Strategies,Proeesses and IT:A Case Study [J]. Information System Management,2000.

[60]Fredrickson JW. ,Mitchell TR. , Strategic decision processes:comprehensiveness and performance in an industry with an unstable environment [J]. Academy of Management Journal, 1984,27(3):399 -423.

[61]Garicano L. ,Kaplan S. , The effect of business-to-business e-commerce on transactions costs [J]. Journal of Industrial Economics,2001,49(4):463 -487.

[62]Galunic D. C. , Eisenhardt,K. M. Architectural Innovation and Modular Corporate Forms[J]. Academic Management Journal,2001,44(6):1229 -1249

[63]Garud R. ,Kotha S. , Using the brain as a metaphorto model flexible productive units[J]. Academy of Management Review,1994,19(4):671 -698.

[64]Gera,S. , Gu,W. The Effect of Organizational Innovation and Information Technology on Firm Performance[J]. International Productivity Monitor, 2004(3).

[65]Goldsby,Thomas J. ,Eckert,James A. Electronic transportation marketplaces:a transaction cost perspective[J]. Industrial Marketing Management,2003,Vol. 32,p187 -198.

[66]Grinyer PH,Yasai - Ardekani M. , Dimensions of organizational structure:a critical replication[J]. Academy of Management Journal,1980,23(3):405 -421.

[67]Grinyer PH. ,Yasai - Ardekani M. Strategy,structure,size,and bureaucracy[J]. Academy of Management Journal,1981,24(3):471 -486.

[68]Grover,V. ,Fiedler,K. ,Teng J. Empirical Evidence on Swanson's Tricore Model of Information Systems Innovation[J]. Information Systems Research,1997,8(3),273 -287.

[69] Gurbaxani, V. and Whang, S. The Impact of Information Systems on Organizations and Market [J]. Communications of the ACM, 1991, 34:59 – 73.

[70] Guttman LA., A basis for scaling qualitative data[J]. American Sociological Review, 1944, 9:139 – 150.

[71] Hagel J., Singer M., Unbundling the corporation[J]. Harvard Business Review, 1999, 77 (2):133 – 141.

[72] Hansen MT., Deimler MS. Cutting costs while improving morale with B2E management[J]. Sloan Management Review, 2001, Fall:96 – 100.

[73] Hart S., Banbury C. How strategy-making processes can make a difference[J]. Strategic Management Journal, 1994, 15(4):251 – 269.

[74] Hartman A., Sifonis J. Net Ready: Strategies for Success in the E-conomy[M]. McGraw – Hill: New York, 2000.

[75] Hayward MLA., When do firms learn from their acquisition experience? Evidence from 1990 – 1995[J]. Strategic Management Journal, 2002, 23(1):21 – 39.

[76] Heide JB, G. John. Alliances in Industrial Purchasing: The Determinants of Joint Action in Buyer – Supplier Relationships[J]. Journal of Marketing Research, 1990, 27.

[77] Henfridsson, Ola, S. Derholm, Anders. Barriers to learning: on organizational defenses and vicious circles in technological adaptation. Accounting[J]. Management and Information Technologies, 2000(1), 33 – 51.

[78] Henry Mintzberg., The Structuring of Organization[M]. N. J.: Prentice – Hall, INC. 1979.

[79] Hill CWL., Cooperation, opportunism, and the invisible hand: implications for transaction costs theory[J]. Academy of Management Review, 1990, 15:500 – 514.

[80] Hitt L., Brynjolfsson E. Productivity, business profitability and consumer surplus: three different measures of information technology value[J]. MIS Quarterly, 1996, 20(2):121 – 142.

[81] Hitt, L., Information Technology and Firm Boundaries: Evidence from Panel Data[J]. Information Systems Research, 1998, 10(9):134 – 149.

[82] Holmstrom, B., P. Milgrom. The Firm as an Incentive System[J]. American Economic Review, 1994, 84: 972 – 991.

[83] Huselid, M. A., The Impact of Human Resource Management Practices on Turnover, Productivity, and Corporate Financial Performance[J]. Academy of Management Journal, 1995,

38: 635 -672.

[84]Iacovou C. L. ,I Benbasat,A. S. Dexter. Electronic Data Interchange and Small Organizations:Adoption and Impact of Technology[J]. MIS Quarterly,1998,22(4):465 -503.

[85]Ichniowski,C. ,K. Shaw, G. Prennushi. The Effects of Human Resource Management Practices on Productivity[J]. American Economic Review,1997,87,pp.291 -313.

[86]Jap S. D. The Impact of Online,Reverse Auctions on Buyer-supplier Relationships. Goizueta Business School Paper Series at Emory University, Paper Number: GbS - MKT - 2001 - 001,2001.

[87]Jennifer Gibbs,Kenneth L. Kraemer and Jason Dedrick,Environment and Policy Factors Shaping E-commerce Diffusion: A Cross-country Comparison, 2002, UC Irvine: Center for Research on Information Technology and Organizations. Retrieved from: http://www. escholarship. org/uc/item/2x73003z.

[88]Kraut R. Coordination and Virtualization:The Role of Electronic Networks and Personal Relationship[J]. Organization Science,1998,10(6):722 -740.

[89]Kuan,K. K. Y. ,Chau,P. Y. K. A Perception-based Model for EDI Adoption in Small Business Using a Technology-organization-environment Framework[J]. Information and Management,2001,38(8): 507 -521.

[90]Laffont,J. J. and Martimort,D. Collusion and Delegation,RandJournal of Economics ,1998, 29/2:280 -305.

[91]Lim Leon, Abell Walter. Business use of the internet in New Zealand :an exploratory study [J]. Applied Computing Research Report series,1996,9(2),72 -88.

[92]Malone,T. W. Modeling Coordination in Organizations and Markets[J]. Management Science,1987(33):1317 -1332.

[93]Malone,T. W. and Crowston,K. , The Interdisciplinary Study of Coordination[J]. ACM Computing Surveys,1994,26(1):87 -119.

[94] Mark Barratt,Karsten Rosdahl. Exploring business-to-business marketsites[J]. European Journal of Purchasing & Supply Management,2002,8(2),111 -122.

[95]Markides CC. Corporate strategy: the role of the center[M].// Pettigrew A, Thomas H, Whittington R. Handbook of Strategy and Management,. Sage: Thousand Oaks, CA; . 2001a, 98 -112.

[96] Markides CC. , Corporate strategy and the Internet[C]. Presentation at the Academy of Management Annual Meeting, Washington, DC, August, 2001b.

[97] Markides CC. , Diversification, restructuring, and economic performance[J]. Strategic Management Journal 1995, 16(2): 101 - 118

[98] McGuire, T. W. and R. Staelin. An Industry Equilibrium Analysis of Downstream Vertical Integration[J]. Marketing Science, 1983, 2(2), 161 - 191.

[99] Melville, N. , Kraemer, K. and Gurbaxani, V. Review: Information Technology and Organizational Performance: An Integrative Model of Business Value[J]. MIS Quarterly, 2004, 28/2: 283 - 322.

[100] Milgrom, P. , and Roberts, J. The economics of modern manufacturing: technology, strategy and organization[J]. American E-conomic Review, 1990, 3: 511 - 528.

[101] Milgrom, P. and J. Roberts. Complementarities and Fit: Strategy, Structure and Organizational Change in Manufacturing[J]. Journal of Accounting and Economics, 1995, 19: 179 - 208.

[102] Nelson M. L. The Adoption and Diffusion of Inter-organizational System Standards and Process Innovations[D]. University of Illinois at Urbana Champaign, 2004.

[103] Nicolas Bloch and Thierry Catfolis, B2B E-marketplaces: How to Succeed[J]. Business Strategy Review, 2003, 12(3): 20 - 28.

[104] Nolan, R. L. Managing the Crisis in Data Processing[J]. Harvard Business Review, 1979, 57/2: 115 - 126.

[105] Noordewier T. G. , G. John, J. R. Nevin. Performance Outcomes of Purchasing Arrangements in Industrial Buyer-vendor Relationships[J]. Journal of Marketing, 1990, 54 (Octover): 80 - 93.

[106] Palich LE. , Cardinal LB. , Miller CC. , The diversification performance linkage[J]. Strategic Management Journal, 2000, 21(2): 155 - 174.

[107] Parolini C. , The Value Net: A Tool for Competitive Strategy[M]. Wiley: Chichester, U. K, 1999.

[108] Pearce JA. , Freeman EB. , Robinson RB. , The tenuous link between formal strategic planning and performance[J]. Academy of Management Review, 1987, 12(4): 658 - 675.

[109] Peter J. Brews and Christopher L. Tucci. Exploring the Structural Effects of Internetworking [J]. Strategic Management Journal, 2004, 25: 429 - 451.

[110]Peter J. Brews and Christopher L. Tucci. The Structural and Performance Effects of Internetworking[J]. Long Range Planning 2007,40:223 -243.

[111]Philip Evants and Thomas S. Wurster. Getting Real About Virtual Commerce[J]. Harvard Business Review,1999,11,85 -97.

[112]Pinsonneault A., Kraemer. The impact of information technology on middle managers[J]. MIS Quarterly,1993,271 -292.

[113]Pisano G. The R&D boundaries of the firm: an empirical analysis[J]. Administrative Science Quarterly,1990,35:153 -176.

[114]Porter ME. Competitive Strategy: Techniques for Analyzing Industries and Competitors[M]. Free Press: New York,1980.

[115]Porter ME. Strategy and the Internet[J]. Harvard Business Review,2001,79(3):63 -78.

[116]Presutti, William D. Supply management and e-procurement: creating value added in the supply chain[J]. Industrial Marketing Management,2003,Vol. 32,p219 -226.

[117]Pugh DS.,Hickson DJ.,Hinings CR.,Turner C. Dimensions of organization structure[J]. Administrative Science Quarterly,1968,June:65 -105.

[118]Ramamurthy K.,Premkumar,G. Determinants and Outcomes of Electronic Data Interchange Diffusion[J]. IEEE Trasactions on Engineering Management,1995,42(4): 332 -351.

[119]Ramamurthy K., Premkumar, G., Organizational and Inter-organizational Determinants of EDI Diffusion and Organizational Performance: A Causal Model[J]. Journal of Organizational Computing and Electronic Commerce,1999,9(4): 253 -285.

[120]Rindova PR., Kotha S. Continuous 'morphing:' competing through dynamic capabilities, form,and function[J]. Academy of Management Journa,2001,44(6):1263 -1280.

[121]Robbins SP.,Organization Theory[M]. Prentice - Hall: Englewood Cliffs,NJ.,1990.

[122]Robey D.,Boudreau M.,Accounting for the contradictory organizational consequences of information technology: theoretical directions and methodological implications[J]. Information Systems Research,1999,10(2):167 -185.

[123]Rockart,J. and Scott Morton,P,Networked forms of organization - The Corporation of the 1990s[M]. New York,Oxford University Press,1999.

[124]Sandeep Purao,Brant Campbell,Critical Concerns for Small Business Electronic Commerce: Some Reflections Based on Interviews of Small Business Owners[C]. AMCIS 1998 Proceed-

ings,1998,Paper 111.

[125]Sawhney MS. ,Zabin J. , The Seven Steps to Nirvana:Strategic Insights into eBusiness Transformation[M]. McGraw-Hill:New York. ,2001.

[126]Schilling,M. A. and Steensma,H. k. The Use of Modular Organizational Forms:An Industry-level Analysis[J]. Academy of Management Journal,2001,44(6):1149-1168.

[127]Schnaars SP. ,Managing Imitation Strategies:How Later Entrants Seize Markets from Pioneers [M]. Free Press:New York. ,1994.

[128]Shapiro C, Varian H, Information Rules[M]. Harvard Business School Press: Boston, MA,1999.

[129]Shen,Celine,Weiying,Zhang and K. Zhu. A Resource-based View on Impact of e-business on Firm Performance:Evidence from China,Working Paper of Peking Univ,2005.

[130]Snow CC. ,Miles,Coleman HJ Jr. Managing 21st century network organizations[J]. Organizational Dynamics,1992,20(3):5-21.

[131]Soliman K. S. Determining the Critical Factors Affecting the Adoption Decision of Internet-based Inter-organizational Information Systems[D]. University of Memphis,2000.

[132]Stiroh,K. Computers,Productivity,and Input Substitution[J]. Economic Inquiry,1998,36:175-191.

[133]Subramainam C. ,M. J. Shaw. A Study on the Value and Impact of B2B E-commerce:The Case of Web-based Procurement[J]. International Journal of Electronic Commerce,2002,6(4):122-143.

[134]Synnott, W. R. , Information Weapon, Winning Customers, and Markets with Technology [M]. John Wiley&Sons Press,NewYork,1987.

[135]Tarafdar,M. , Vaidya,S. D. Adoption of e-commerce by Organizations:Integrated Perspectives on the Strategic and Environmental Imperatives inDeveloping Countries[C]. Ninth Americas Conference on Information Systems,2003.

[136]Tco H. , Tan. B. C. , Wei, K. Organizational Transformation Using Electronic Data Interchange:the Case of Tradenet in Singapore[J]. Journal of Management Information Systems,1997,13(4),139-165.

[137]Theresa Lua,Y. H. Wong,K. F. Chan and Monica Law,Information technology and the work environment - Dose IT change the way people interact at work? [J]. Human Systems Man-

agement,2001,20:267 - 279.

[138]Thomas J. Goldsby, James A. Eckert. Electronic Transportation marketplaces: a trasaction cost perspective[J]. Industrial Marketing Management,2003,32(3):187 - 198.

[139]Thomas W. Malone,Joanne Yates,Robert Benjami. Electronic Markets and Electronic Hierarchies[J]. Communications of the ACM,1987,30(6):484 - 497.

[140]Trivedi,M. Distribution Channels:An Extension of Exclusive Retailership[J]. Management Science,1998,44(7):896 - 909.

[141]Van Zandt,T. Decentralized Information Processing in the Theory of Organizations[J]. Contemporary Economic Development Reviewed,1997,Vol · 4,Macmillan Press,London.

[142]Wang,S. C. ,Individual Organizational Characteristics and Intention to Adopt e - commerce: a Study Based on Innovation Adoption Theory[D]. Chinese University of Hong Kong,2001.

[143]Weill,P. The Relationship Between Investment in Information Technology and Firm Performance:A Study of the Valve Manufacturing Sector[J]. Information Systems Research,1992, 23(3):233 - 251.

[144]Westhead,P. and Storey,D. J. Management Training and Small Firm Performance: Why is the Link so Weak? [J]. International Small Business Journal,1996,14(4):13 - 24.

[145]Williamson,O. E. Comparative Economic Organization:The Analysis of Discrete Structural Alternatives[J]. Administrative Science Quarterly,1996(36): 269 - 296.

[146]Williamson,O. E. The Economic Institutions of Capitalism: Firms, Markets, Relational contracting[M]. The Free Press,1985.

[147]Williamson,O. E. The Theory of the Firm as Governance Structure:From Choice to Contract [J]. Journal of Economic Perspectives,2002(Summer),171 - 195.

[148]Wilson D. T. ,R. P. Viosky. Interorganizational Information System Technology and Buyer - Seller Relationships [J]. The Journal of Business & Industrial Marketing, 1998, 13 (3):25.

[149]Wright,P. M. ,G. C. McMahan. Theoretical Perspectives for Strategic Human Resource Management[J]. Journal of Management,1992,18,pp. 295 - 320.

[150]Wu,F. ,Mahajan,V. ,Balasubramanian,S. An Analysis of e-business Adoption and its Impact on Business Performance[J]. Academy of Marketing Science,2003,31(4):425 - 447.

[151]Wyner,G. M. and Malone,T. W. The Impact of Information Technology on Decision Making

Structures: A Formal Analysis, Unpublished working paper, MIT Center for Coordination Science, 1996.

[1][澳]杨小凯,黄有光. 专业化与经济组织:一种新兴古典微观经济学框架[M]. 北京:经济科学出版社,2000.

[2][美]阿尔弗雷德·D.钱德勒. 看得见的手:美国企业的管理革命[M]. 北京:商务印书馆,1987.

[3][美]奥立弗·E.威廉姆森. 治理机制[M].北京:中国社会科学出版社,2001.

[4][美]奥立弗·E.威廉姆森. 资本主义经济制度[M].北京:商务印书馆,1985.

[5][美]卡尔·夏皮罗,哈尔.瓦里安. 信息规则:网络经济的策略指导[M]. 北京:中国人民大学出版社,2001.

[6][美]理查德·L.达夫特著,李维安等译,组织理论与设计精要[M]. 北京:机械工业出版社,2003.

[7][美]迈克尔·迪屈奇. 交易成本经济学[M]. 北京:经济科学出版社,2000.

[8][美]斯蒂芬·P.罗宾斯. 组织行为学[M]. 北京:中国人民大学出版社,2000.

[9][日]青木昌彦,安藤晴彦. 模块化-新产业结构的本质[M]. 东洋经济新闻社,2003.

[10][日]青木昌彦. 比较制度分析[M]. 上海:上海远东出版社,2001.

[11][英]彭罗斯,企业成长理论(1959) [M].,上海:上海人民出版社,2007.

[12]陈传明. 知识经济条件下企业组织的结构化改造[J]. 南京大学学报(哲学人文社科版),2000(1).

[13]陈立敏,谭力文. 网络经济时代企业的组织结构变化和新型竞争战略[J]. 经济管理,2002(6).

[14]陈郁. 企业制度与市场组织—交易费用经济学文选[M]. 上海:上海三联上海人民出版社,1996.

[15]弗莱蒙特·卡斯特,詹姆斯·E.罗森茨韦克. 组织与管理系统方法与权变方法(第四版)[M]. 中国社会科学出版社,2000 年.

[16]荀昂,廖飞. 基于组织模块化的价值网络研究[J]. 中国工业经济,2005(10).

[17]韩耀,曹杰,庄尚文. 网络经济下国际分工的演化及其经济机理研究[J]. 国际贸易问题,2005(10).

[18]郝斌,任浩,Anne-Marie Guerin. 组织模块化设计:基本原理与理论架构[M]. 中国工业

经济,2007(6).

[19]洪银兴. 新经济的经济学分析[J]. 江海学刊,2001(1).

[20]胡宏力. 交易成本、电子市场与公司内贸易[J]. 中央财经大学学报,2005(4).

[21]胡宏力,李琪. 电子市场对国际贸易的影响及战略选择[J]. 经济管理新管理,2004(21).

[22]黄敏学. 电子虚拟市场的演进与交易[M]. 武汉:武汉大学出版社,2002.

[23]贾正如,陈炎玮. 世界现代管理学家管理法则全书[M]. 北京:中国社会出版社,1999.

[24]科斯,论生产的制度结构[M]. 盛洪、陈郁译,上海:上海三联书店,1994.

[25]科斯,阿尔钦,诺斯等. 财产权利与制度变迁一产权学派与新制度学派译文集[M]. 上海:上海三联书店,1991.

[26]李海舰,聂辉华. 论企业与市场的相互融合[J]. 中国工业经济,2004(8).

[27]李海舰,原磊. 论无边界企业,中国工业经济[J]. 2005(4).

[28]李靖华. 模块化的多学科方法论思考[J]. 科研管理,2007(2).

[29]李凌. 信息技术对企业组织结构的影响分析[D]. 华中师范大学硕士学位论文,2004.

[30]李琪,周宏山,William Foster. 中美企业 B2B 电子商务采用行为研究[J]. 经济管理,2006(6).

[31]李晓华. 产业组织的垂直解体与网络化,中国工业经济[J]. 2005(7).

[32]林丹明,叶会,谢维敏,等. 信息技术应用对企业纵向边界的影响——实证与讨论[J]. 中国工业经济,2006(1).

[33]刘东. 企业边界的多种变化及其原因[J]. 中国工业经济,2005,(3).

[34]刘艳,刘东. 企业与市场的关系及其现代演变[J]. 教学与研究,2003(1).

[35]刘昱,刘石兰. 信息技术对企业组织变革影响的研究评述[J]. 科学学与科学技术管理,2007(11).

[36]卢健,栗强. 世界现代管理学家管理法则全书[M]. 北京:中国社会出版社,1999.

[37]路雄文. 论 B2B 电子市场的模式、价值诉求与战略途径[J]. 研究与发展管理,2008(3).

[38]罗仲伟. 适应性企业:急剧变动时代的战略思维[M]. 广州:广东经济出版社,2001.

[39]潘勇. 网络交易中的逆向选择——基于“柠檬市场”模型的分析[M]. 北京:经济管理出版社,2005.

[40]钱平凡. 组织转型[M]. 浙江人民出版社,1999.

[41]盛洪. 分工与交易一个一般理论及对中国非专业化问题的应用分析[M]. 上海:上海三联书店、上海人民出版社,1994.

[42]孙耀君. 西方管理学名著提要[M]. 江西:江西人民出版社,1998.

[43]汪淼军,张维迎,周黎安. 信息化、组织行为与组织绩效[J]. 管理世界,2007(4).

[44]汪淼军,张维迎,周黎安. 信息技术、组织变革与生产绩效——关于企业信息化阶段性互补机制的实证研究[J]. 经济研究,2006(1).

[45]王凤彬,陈公海,李东红. 模块化组织模式的构建与运作——基于海尔"市场链"再造案例的研究[J]. 管理世界,2008(4).

[46]王平平. 买方使用电子市场的影响因素分析[J]. 求索,2006(2).

[47]王珊. 企业间电子市场买方卖方关系视角[M]. 北京:机械工业出版社,2006.

[48]吴炯,胡培,任志安. 企业边界的多重性与公司治理结构[J]. 经济科学,2002(6).

[49]谢康. 电子商务经济学[M]. 北京:电子工业出版社,2003.

[50]徐金发. 企业集团成因论[M]. 天津:同济大学出版社,1992.

[51]寻珏. 大规模定制下制造业模块化网络合作模型研究[D]. 湖南大学 2007.

[52]杨小凯,张永生. 新兴古典经济学和超边际分析[M]. 北京:中国人民大学出版社,2000.

[53]杨志勇. 网络经济时代我国企业的变革[J]. 中国工业经济,2004(6).

[54]易法敏,陈禹. 信息化过程中的 B2B 市场演进[J]. 求索,2005(7).

[55]余东华,芮明杰. 模块化、企业价值网络与企业边界变动[J]. 中国工业经济,2005(10).

[56]曾楚宏,林丹明. 论企业边界的两重性[J]. 中国工业经济,2005,(10).

[57]曾楚宏,林丹明. 信息技术、交易成本与激励:论经济组织形式的中间化[J]. 中国工业经济,2006(6).

[58]曾楚宏,林丹明. 信息技术应用与企业边界的变动[J]. 中国工业经济,2004,(10).

[59]曾楚宏,林丹明,朱仁宏. 企业边界的协同演化机制研究[J]. 中国工业经济,2008(7).

[60]张群群. 论交易组织及其生成和演变[M]. 北京:中国社会科学出版社,1997.

[61]张维迎. 博弈论与信息经济学[M]. 上海:上海人民出版社,1996.

[62]张维迎. 企业的企业家——契约理论[M]. 上海:上海人民出版社,上海三联书店,1995.

[63]张文松,郭广珍. 企业网络与企业边界理论[J]. 中国工业经济,2005(12).

[64]张喜征. 基于信任的虚拟企业治理机制研究[J]. 科学与科学技术管理,2003(10).

[65]赵文. 网络时代企业组织模式创新的动因与对策[J]. 学海,2001(6).

[66]赵效民、贾履让. 社会主义市场模式研究[J]. 北京:经济管理出版社 1991.

[67]郑军. 企业边界变迁的产业组织演化[J]. 财经科学,2007(4).